Martin Schultze

Idioticon der Nord-Thüringischen Mundart

Martin Schultze

Idioticon der Nord-Thüringischen Mundart

ISBN/EAN: 9783742898388

Hergestellt in Europa, USA, Kanada, Australien, Japan

Cover: Foto ©ninafisch / pixelio.de

Manufactured and distributed by brebook publishing software (www.brebook.com)

Martin Schultze

Idioticon der Nord-Thüringischen Mundart

IDIOTICON

DER

NORD-THÜRINGISCHEN MUNDART.

DEN

BÜRGERN NORDHAUSENS

GEWIDMET

VON

Dr. Martin Schultze.

NORDHAUSEN.
VERLAG VON FERD. FÖRSTEMANN.
1874.

Vorwort.

Zu den lieblingsbestrebungen des allzufrüh verblichenen meisters deutscher wissenschaft, A. Schleicher, gehörte die aufstellung einer vergleichenden grammatik aller lebenden deutschen dialecte, sowie die sammlung des unter die einzelnen stämme vertheilten deutschen sprachgutes. Als nothwendige vorarbeiten für ein solches unternehmen bezeichnete er die grammatische behandlung der verschiedenen mundarten durch angehörige der betreffenden landschaften. Nun existieren auch bereits idiotica und lexica mehrerer ober- und niederdeutscher dialecte, es fehlt jedoch noch unendlich viel, um eine übersicht über das gesammt-gebiet zu ermöglichen. Am wenigsten literarisch gebraucht und wissenschaftlich behandelt sind die mundarten Mitteldeutschlands, wahrscheinlich weil sie bei den „gebildeten" jener gegenden einer grösseren verachtung begegnen, als dies bei den bewohnern Süddeutschlands einerseits und der norddeutschen tiefebene andererseits der fall ist. Das vorliegende büchlein soll der ausfüllung dieser lücke, wenn auch nur in sehr beschränktem kreise, dienen helfen.

Der nord-thüringische dialect unterscheidet sich von allen anderen rein oberdeutschen mundarten, denen er im übrigen ganz entschieden angehört, lautlich besonders durch die eigentlich niederdeutsche erweichung des s vor vocalen. Speciell vom südthüringischen und meissnisch-obersächsischen dialecte, dem er sonst am nächsten verwandt ist, unterscheidet er sich dadurch, dass er die media vor vocalen duldet, die dort regelmässig in die „trockene" tenuis übergeht. Der Oberdeutsche im allgemeinen spricht „ßein" und „weßen", der Süd-Thüringer im besonderen „kinter" und „wieter", während der Nord-Thüringer, wie der Niederdeutsche, „sein" und „wesen" (niederl. zijn, wezen), sowie „kinder" und „wieder" sagt. Der dialect hat seinen hauptsitz am südrande des Unterharzes, besonders in der ehemaligen grafschaft Hohenstein. Den mittelpunkt des bezirks, in dem er gesprochen wird, bildet die stadt Nordhausen. Rings um dieselbe hört man ihn in grösserer oder geringerer eigenthümlichkeit in den kleineren städten, flecken und dörfern des kreises Nordhausen und des amts Hohenstein (Ilfeld). Sein gebiet grenzt im osten an das zum meissnisch-obersächsischen gehörige mansfeldische, im süden an das eigentlich (süd-)thüringische und im südwesten an das eichsfeldische gebiet, welches letztere den übergang bildet zum fränkischen. Nach norden und nordwesten bezeichnet es, abgesehen von den fränkischen bergstädten des Oberharzes, die äusserste grenze der oberdeutschen gegen die niederdeutsche (niedersächsische) sprache. Während man in Ellrich noch den hohensteinischen dialect hört, reden die Benneckensteiner bereits eine rein niederdeutsche mundart.

In früheren zeiten war dieser dialect in Nordhausen die allgemeine umgangssprache, und zwar derart, dass er nicht nur im gewöhnlichen verkehr von vornehmen und geringen geredet wurde, sondern dass selbst bis in dies jahrhundert hinein die lehrer der unteren classen am gymnasium sich oft desselben bedienten. Nur auf der kanzel, in der gerichtsstube und in den höheren gymnasialclassen gebrauchte man die schriftsprache. Gegenwärtig kommt er immer mehr in verfall, was seinen grund darin hat, dass in den höheren ständen fremde elemente zu überwiegen anfangen. Man hört ihn jetzt, ausser gelegentlich im schoosse weniger alter familien, nur noch in den niederen volksschichten. Zum schriftlichen verkehr ist er wohl nie benutzt worden, nur ihre poetischen (?) ergüsse haben bisweilen nordhäuser bürger in dieser mundart zu papier gebracht.

Bei der vielfachen berührung, in welche die Nordhäuser, besonders nach der incorporation der stadt in Preussen (1803 und zum zweiten male 1814), mit den eingewanderten „fremden" kamen, fiengen sie an, sich ihrer sprache zu schämen und sich jenen, die alle mehr oder weniger richtig „hochdeutsch"*) sprachen, zu accommodieren. Statt nun aber den volksdialect ganz zu beseitigen, und so zu sprechen, wie man schrieb, begnügte man sich, denselben durch aufnahme hochdeutscher laute und formen zu verbessern. Man beeilte sich, das ae heller (mehr wie ä) auszusprechen und ii (î) und uu (û) in die diphthonge ei und au zu verwandeln, sträubte sich jedoch entschieden

---

*) Unter hochdeutsch (hd.) wird hier überall die jetzt gebräuchliche schriftsprache verstanden, unter alt- und mittelhochdeutsch (ahd. und mhd.) die von der wissenschaft so benannten älteren dialecte.

z. b. gegen die aufnahme der hochdeutschen dativformen mir, dir, ihm.

So ist es gekommen, dass man jetzt in Nordhausen drei mundarten kennt, die reine hochdeutsche, die von fremden und von solchen eingeborenen gesprochen wird, die durch langen umgang mit fremden den widerwillen gegen dieselbe überwunden haben; ferner die reine norbhüſche (sonst auch wohl geradezu büt[ch genannt), die von bauern, arbeitern und in wenigen alten familien geredet wird; endlich das moderne namenlose gemisch mit dem hochdeutschen anstrich, das man von vielen leuten des mittelstandes und von den meisten dienstboten hören kann. Es ist dies eine erscheinung, die den benachbarten niederdeutschen gegenden, wo man nur platt und hochdeutsch kennt, ganz fremd ist.

Was die hier angewandte orthographie betrifft, so soll sie hauptsächlich die richtige aussprache angeben, ohne jedoch die etymologie zu verdunkeln. Es sind daher die nüancen der vocale sorgfältig unterschieden, auch ist ihre quantität bezeichnet, dagegen habe ich mich hinsichtlich der consonanten der hochd. schreibweise möglichst angeschlossen, ihre aussprache aber in den verschiedenen fällen durch regeln bestimmt. Nur statt des hochd. v ist stets f geschrieben, weil v als vocal dienen musste. Da die länge der vocale durch verdoppelung oder verbindung derselben ausgedrückt wird, so ist das dehnende h überflüssig geworden, und zwar sogar da, wo es wurzelhaft ist (ʒaen für zehn, ʒie für ziehen); nur wo zwei sylben bildende vocale zusammentreffen, ist es, um undeutlichkeit zu vermeiden, stehen geblieben (ruohig), obwohl es auch da nicht gesprochen wird. Für das in jeder oberdeutschen mundart unberechtigte th ist einfaches t geschrieben. Auch die verdoppelung der consonanten ist eigentlich überflüssig, da nach jedem betonten kurzen vocal der consonant geschärft lautet. Der deutlichkeit wegen ist sie jedoch, wenigstens im inlaute, in den meisten fällen beibehalten.

Da an sprichwörtlichen redensarten nur verhältnissmässig wenig in diesem dialect existiert, und dies wenige, mit ausnahme obscöner phrasen des gemeinen lebens, fast ganz der schriftsprache entnommen ist, so würde eine aufzählung derselben nicht viel interessantes bieten. Auch von kinderliedern und sprechspielen hört man gegenwärtig nur hochdeutsche, die allerdings oft komisch genug verstümmelt sind. Um nun nicht schon gedrucktes noch einmal zu producieren, sah ich mich genöthigt, als sprachprobe einen eigenen kleinen versuch zu geben, an dessen literarischen werth ich einen nicht zu hohen masstab zu legen bitte. Die wahl der Nibelungenstrophe bedarf wohl nicht der entschuldigung bei einem dialecte, der dem mittelhochdeutschen so viel näher steht als die schriftsprache.

Cüstrin, im October 1873.

Der Verfasser.

I. Lautlehre.
A. Vocale.

1. An vocalen besitzt der hohensteinische dialect mehr als die schriftsprache, obwohl die hochd. laute ö und ü ihm vollständig abgehen. Es sind deren, ausser dem ganz tonlosen, verschwindend kurzen e ($\stackrel{e}{_0}$ des „Standard-Alphabets"*), das ein noch grösseres gebiet hat, als im hochd., nicht weniger als 9 kurze und ebensoviele lange. A ($\underline{o}$ des Stand-Alph.) hat den dunkeln laut des englischen a in „what" und steht in der mitte zwischen dem reinen a und o der schriftsprache. Seine verlängerung aa klingt wie das engl. aw. Beide entsprechen in ihrem vorkommen dem hochd. kurzen und langen a, doch so, dass in manchen wörtern die quantität eine andere, oft richtigere, ist: naacht — nacht, gabbel — gabel. Auch ist ihr gebiet viel kleiner als in der schriftsprache, da sie sehr häufig in oo, bisweilen in den umlaut e oder ä übergehen: geboocht — gedacht, schoof — schaf; flebbere — flattern, häst — hast. Für hd. o steht a in den wörtern bach und nach (doch, noch).

2. E ($\stackrel{a}{_e}$ des St.-Alph.), mit seiner verlängerung ae, ist ein der hd. sprache ganz fremder laut. Es klingt ähnlich dem engl. a in dem worte „fat." Man kann es

---

*) R. Lepsius, Standard Alphabet etc., 2. ed., London u. Berlin, 1863, p. 48.

am besten hervorbringen, wenn man sich bestrebt, mit weit geöffnetem munde ein recht helles a auszusprechen. Während das hochd. ä seinen sitz im vorderen theile des mundes, nahe den zähnen, hat, entsteht dieses e am gaumen und ist, besonders in seiner verlängerung, ein äusserst breiter laut. Es entspricht dem aus i durch brechung entstandenen hd. ë, seltener dem ä: raegen — regen (pluvia), ſtecfe — stecken (intransitiv), febber — feder; faewer — käfer. Als umlaut zu a dient es nicht in allen fällen; am häufigsten in deminutiven (fetʒchen — kätzchen), seltener in pluralen (mänber — männer) und so gut wie niemals in der conjugation, da „fällst" zu fölljt wird. Dagegen kommt es bisweilen als umlaut von oo bei comparativen vor: oolb (alt), elber; foolb (kalt), felber. — Das zeichen e muss ausserdem zur darstellung des tonlosen e dienen, kann jedoch als solches mit dem breiten e nicht verwechselt werden, da dieses letztere stets·den ton hat, also nur in stammsylben vorkommt.

3. Ä ist, dem klange nach, das ä der schriftsprache, vertritt jedoch keineswegs immer das hd. ä, sondern gewöhnlich i und ü, besonders bei folgendem r, selten nur e oder ä. Beispiele sind: färchen (kirche), bärre (dürr), fättel (kittel), äs (ist); äbbel (edel), jäbbel (zettel), häſt, hät (hast, hat). In bärch (durch) nimmt es sogar die stelle des u (eig. wohl ü) ein. Nur in den wörtern läe (legen und liegen), mit seinen formen, und ſchläege (schläge) kommt, soviel ich weiss, das verlängerte äe vor.

4. O (reines e) und seine verlängerung ee hat den klang des franz. é, des hochd. (oberd.) e in „elle" und ee in „seele". Es vertritt das aus a entstandene e oder ä

(reege — regen, ſtöcke — stecken, transitiv, neere — nähren); ferner i (brönge — bringen), ü (preegele — prügeln), ö (freeten — kröte, fönneg — könig). Sehr oft ist ö und ee umlaut von o oder a: ſcheeſchen v. ſchoof, höljt v. hoole (halten), fölljt v. falle, ſtölle v. ſtall.

5. O lautet wie ein reines italienisches o, franz. au, und entspricht in den meisten fällen dem hd. o, bisweilen auch dem a und u (besonders vor r), z. b. kopp, kopf, koſte, kosten; arme, arm, torm, thurm, korz, kurz. Das verlängerte oo vertritt fast überall hochd. langes, bisweilen (vor r) auch kurzes a: oort, art, boole, bald, koorten, karte, noochter, nachher.

6. Die vocale u und i treten in je zwei lauten auf, die in einem ganz bestimmten verhältniss zu einander stehen. U und seine verlängerung uo klingt dumpf, wie das polnische ó, ein laut, der die mitte hält zwischen o und u. Dagegen hat v (reines u) und seine verlängerung uu den hellen laut des französ. ou. Ebenso klingt i und seine verlängerung ie dumpf, wie das polnische é (ein laut zwischen i und e) während ŋ (reines i) und seine verlängerung ii den hellen klang des franz. i hat. Etymologisch entspricht uu dem ahd. û, also dem neuhd. au in den fällen, wo die niederdeutsche sprache auch uu (niederl. ui) hat, z. b. zuun, ahd. zûn, niederd. tuun, niederl. tuin. Dem analog, vertritt ii das althochd. î und iu, neuhd. ei, eu in den fällen, wo im niederd. auch ii oder üü, niederl. ij, ie und uu, sich findet: ʒiit, ahd. zît, nhd. zeit, niederd. tiid, niederl. tijd; tiier, ahd. tiur, nhd. theuer, nl. dierbaar; fiier, ahd. viur, nhd. feuer, niederd. füür, niedl. vuur. Die kurzen vocale v und ŋ sind oft

auch aus ahd. û, î entstanden (ɦuš, haus, wɦīš, weiss), bisweilen vertreten sie u und i: zucht, erpycht. Oft ist ii (y) umlaut von uu (v): müſe, v. muuš, maus, hyſſer v. hus.

7. Das dumpfe u entspricht in den meisten fällen dem hochd. u, z. b. ſchuch (schuh), muß. Seine verlängerung uo hat bisweilen langes u, häufiger langes o zu vertreten: muot, muth; uowen, ofen, uor, ohr. Ganz analog, entspricht das dumpfe i dem hochd. i und ü, während ie stellvertreter des langen i (ü) und öfters des langen e (ö) ist: iß, ſitzt; hieb, triebe (trübe); giet (geht), hiere (hören). Vor nasalen kann nie der kurze dumpfe i und u laut stehen, hier ist jedoch, um die zeichen y und v möglichst zu vermeiden, überall in solchem falle i und u geschrieben, weil bei der ausnahmlosigkeit der regel keine irrung stattfinden kann: ſinge (finden), immer, ſinne (können); kumm (komm), wunder; welche alle wie ſynge, wunder etc. auszusprechen sind.

8. An diphthongen ist der nordthüringische dialect ärmer als die schriftsprache, da anstatt der meisten ei (eu, äu) und au dort noch das ursprünglichere ii und uu (auch mittelhochd. î, û) steht. Dennoch besteht eine gewisse mannichfaltigkeit, da die übrig bleibenden von viererlei art sind: ei, öi, und au, ou. Von ihnen klingen ei (ai des St.-Alph.) und au wie die entsprechenden hochdeutschen, nämlich wie a-i, a-u. Sie vertreten fast überall ahd. ei und ou (au), niederd. ee und oo: zwei (nied. twee); baum (ahd. poum, nied. boom). Öi (ei des S.-A.) und ou lauten wie e-i und o-u. Sie sind nicht häufig und dienen mit zur vertretung von ahd. î, iu und û, besonders im auslaute. Folgende wörter sind die gewöhnlichsten, in denen sie sich finden: dröi, drei (mhd. drî), blöi,

blei (mhd. blî), bröi, brei, fröi, frei, schnöie, schneien, schröie, schreien, klöien, kleie, die romanische substantivendung öi (arzenöi, schingeröi, schinderei); nöi, neu (ahd. niuwi), spröi, spreu (spriu), fröie, freuen, töibel, teufel, beröie, bereuen, tröi, treu, blöie o. bloue, bleuen, schlagen (dagegen bleie o. blaue, bläuen, blau färben); broue, brauen (mhd. briuwen), boue, bauen, koue, kauen (dagegen kaue, weinen, eig. gekrümmt sitzen), groue, grauen (dagegen grau), troue, trauen, stroue, streuen, sou, sau (sû), tousend, tausend, roue, ruhen (ruowen), nebst ihren verwandten. Wie sich von selbst versteht, dient öi als umlaut zu ou, z. b. geböibe v. boue, gebröibe v. broue; dagegen ei als umlaut zu au: beimer, pl. v. baum.

Folgendes ist also die reihe der vocale, vom dunkelsten zum hellsten, nach dem standard alphabet: (^e_o) u, o̥, o, o̱, a̱, e̱, e, e̥, i; nach der hier gebrauchten transscription: (e) v, u, o, a, e, ä, ö, i, ŋ. Es fehlt dem dialecte somit das reine a, sowie die mischlaute ü und ö.

B. Consonanten.

9. Ueber die consonanten ist hinsichtlich der aussprache wenig zu sagen. Die drei mediae b, d, g haben eine doppelte aussprache. Im an- und auslaute klingen sie wie die tenues p, t, k*): berg, zug (zeug), band, jag, dach, gab (spr. perk, zuk, pant, jak, tach, kap). Im inlaute aber klingt b wie w, z. b. laebe, leben, gerbe, gebbere,

---

*) Diese letzteren sind nicht die aspirierten laute der Niederdeutschen und Engländer, die fast wie p-h, t-h, k-h klingen, sondern die sanfteren, hauchlosen, trockenen tenues der Romanen und Griechen.

schwatzen, engl. jabber (spr. jaewe, kerwe, tewwere); d wie ein ganz sanftes d, fast gelispelt wie das engl. th in dem worte „other", z. b. bruoder, wanderaer, ledder, leder; und g nach einem consonanten und den vocalen e, ä, ö, i, y wie j, z. b. berge, züge, zeuge (spr. perje, züje), nach den vocalen a, o, u, v am gaumen, „fricativ" gesprochen, wie γ im stand.-alph., das holländische g, z. b. saagen, säge, kugel. Nach r ist d öfter ganz ausgefallen, bes. im inlaute: pfaere, pferde, aeren, erde, waere, werden.

Ausnahmen: In der adjectivendung ig lautet g wie ch an dieser stelle lauten würde: frostig (spr. frostich); sobald jedoch ein vocal daran tritt, wie j: frostige. Die verbindung ng klingt auslautend wie ngk (nk des st. alph.): sang (spr. sangk); im inlaute als gutturaler nasal wie im hochdeutschen: singe. Das praefix ge ist, wo sich der vocal erhalten hat, überall zu je erweicht: jedanke, gedanke, jesiechte, gesicht, jedoocht, gedacht, jegien, gegangen. Wo der vocal dagegen ausgefallen, ist g hart geblieben: glid (d. i. gelid), glied.

10. Ch lautet nach einem consonanten und nach den vocalen e, ä, ö, i, y wie ein verschärftes j: kärchen, kirche, sich, sich, hecht; nach a, o, u, v guttural, wie das holländische ch: kachel, kachel u. kogel, frauenmütze, noochter, nachher. Eine ausnahme bildet die adjectivendung sich, in der es, wenn ein vocal daran tritt, wie j gesprochen wird: schrecklich (lije). In der verbindung chs lautet es wie k, z. b. waachse, wachsen. Im anlaute kommt es nicht vor.

11. F klingt wie in der schriftsprache. Bisweilen verwandelt sich auslautendes f, wenn ein vocal daran tritt,

in w: wollef, wöllewe, wölfe, hof, hoowe, hofe. Pf kommt nur im anlaute vor und klingt wie einfaches f: pfaerd, spr. faert. In- und auslautendes pf hat sich überall in pp verwandelt: appel, apfel, topp, topf.

12. Der zischlaute giebt es vier, die den französ. lauten ç, z, ch, j (den buchstaben des stand.-alph. s, z, š, ž) entsprechen. Die zeichen dafür sind ß (s), ſ, ſch, ſh. Von ihnen steht ß nie im anlaute, im in- und auslaute jedoch sowohl nach langen als nach kurzen vocalen, z. b. mooß, mass, looße, lassen, eße, essen, iß, iss. S klingt vor vocalen sanft und tönend, wie franz. z, vor consonanten und im auslaute (s) jedoch scharf, wie ß: ſie, sehen, laeſe, lesen; dagegen äs, ist. Nach kurzen betonten vocalen tritt im inlaute die verdoppelung ſſ ein, die aber auch den sanften klang des einfachen ſ hat: wöſſel, wiesel, glöſſer, gläser. Sp und ſt klingen, wie in ganz Oberdeutschland, im anlaute wie schp und scht (šp, št).

Sch lautet wie in der schriftsprache, hat aber ein grösseres gebiet als dort. Der dialect duldet nämlich kein s hinter r, wenn beide zu derselben sylbe gehören, sondern verwandelt jenes regelmässig in ſch: dorſcht, durst, färſcht, fürst, bärſchten, bürste, ferſch, vers, bunnerſchtag, waar'ſch, war es, he fuor'ſch, er fuhr es. Geht ein langer vocal voraus und folgt ein tonloses e auf rſch (rſ), so wird ſch (ſ) zu dem weichen, tönenden ſh (französ. j): heerſhen, hirse, beerſhen, börse, waar ſhe, war sie, fuor ſhe, fuhr sie. Sonst kommt ſh nur in marſhiere, marschieren, und in den aus dem französischen genommenen wörtern auf age vor: foraaſhe, fourage, raaſhe, rage, koraaſhe, courage.

13. Die übrigen consonanten haben dieselben werthe,

wie im hochdeutschen, nur ist zu bemerken, dass r gewöhnlich guttural ist. Wenn ein lippen- oder gaumenlaut (p, b, f, w, m; k, g, ch, ng) in betonter sylbe auf l folgt, so wird ein tonloses e zwischen beide geschoben, so dass wolf, qualm, wolke, balg zu wollef, quallem, wolleken, balleg wird. In ähnlicher weise duldet m keinen dental (t, d, f) und n keinen labial (p, b, f) unmittelbar hinter sich: ammet, amt, ammesel, amsel, hämmed, hemd; hannef, hanf, sennef, senf. Lb wird im inlaute öfter zu ll: gelle, felle, dat. v. geld, feld, dagegen pl. gelder, felder. Umgekehrt wird auch ll vor er öfter zu lb: kelber (keller), telber (teller). Ebenso verhält es sich mit nd und nn: banne, (bande), lanne (lande); menber (männer). Bisweilen wird nd auch zu ng: kind, pl. kinger, dem. kingchen; hund, pl. hunne, dem. hingchen.

14. Wenn einer der laute f, ch, ß (s), sch ein wort schliesst, und das folgende, dem sinne nach mit ihm verbundene, beginnt mit einem vocal, so werden im sprechen beide zusammengezogen, und jene laute klingen sanft wie v, y od. γ, z und ž des stand.-alph., z. b. uf uns (auf uns) spr. uvvuns, he därf en nyscht tuo (er darf ihm nichts thun), spr. därven. — Dies v ist jedoch keineswegs mit w zu verwechseln, welches letztere nur mittels der lippen hervorgebracht wird, während bei der aussprache des v die oberzähne zu hilfe genommen werden. Es kommt dasselbe sonst in dem dialecte nicht vor. — Fernere beispiele sind: bärch enander (durch einander), spr. bärjenander; he kroch uf's dach, spr. krogguf; uf enander, spr. uvvenander; loß en laufe (lass ihn laufen), spr. lossen; äs es denn suo (ist es denn so), spr. äßes; he wuosch en (er wusch ihn), spr.

wuoßhen; brifch ach be erweßen (drisch doch die erbsen), spr. brißhach. Das system der consonanten ist also, nach dem standard-alphabet: k, t, p; ṅ, n, m; h, χ, χ′, γ, y, š, ž, s, z, ð, f, v, w; r, l. Es fehlen somit die mediae gänzlich, wenn man von b absieht, das allerdings nicht ganz den laut von ð (dem engl. weichen th) hat.

II. Formenlehre.
A. Verbum.

15. Die personalendungen des praesens sind die hochdeutschen: e, eſt, et, en, et, en; also laebe (lebe), laebeſt, laebet, laeben, laebet, laeben. Das tonlose e sämmtlicher formen fällt nach vocalen aus: faa (sage), faaſt, faat, faan, faat, faan; gie (gehe), gieſt; ſtii (steige), ſtüſt; läe (liege, lege), läeſt; ſtie (stehe), ſtieſt; ſie (sehe), ſŋſt, ſien; ſchloo (schlage), ſchlöſt. Nur das e der 1. pers. sing. bleibt nach diphthongen gewöhnlich hörbar: roue, ruhe; ſchröie, schreie. Nach den meisten consonanten fällt das tonlose e in der 2. und 3. sing. und 2. pl. aus: ſchaffe, ſchafſſt; traete, trittſt, trit't, traet't; laeſe, liſ'ſt, liſt, laeſt. Nur nach den lauten b (w), m, g, ng bleibt dasselbe in allen formen: ſinge, ſingeſt, ſinget. Bei verben, deren stamm auf ſt (nach r ſcht) ausgeht, fällt die endung der 2. sing. ab: faſte, faſt'; bärſte (bürste), bärſt'. Bei verben auf r klingt dieselbe wie ſcht: hiere (höre), hierſt. Bei verben auf ß, ſ und ſch wird das ß der 2. sing. wenig gehört: freße, friß'ſt; tuuſche (tausche), tuuſch'ſt.

16. Viele verben, nämlich die grosse mehrzahl der stark flectierenden, verändern in der 2. und 3. sing. ihren

stammvocal, indem das ursprüngliche (althochdeutsche) i der endung (is, it, jetzt est, et) bei dunkeln vocalen den umlaut bewirkt, bei hellen, in der 1. person gebrochenen, die brechung wieder aufhebt. Der umlaut tritt ein bei den ablautenden verben der 5. classe (a, u, a), sowie bei den reduplicierenden. Es wird aa zu ee in graabe (greebet), traage, faare; zu ö in waachse (wöchſt). A und oo werden zu ö in ſchloo (schlagen, ſchlöt), waſche, backe, ſchloofe (ſchlöſt), fange (föngeſt). Bloose (blase) wird zu bleeſt, ruofe zu rieſt, haue zu heiwet, laufe zu leiſt. Nur fraa (fragen) bildet fraat, laabe labt, roote (rathe) rott, broote (brate) brott. Das hat jedoch seinen grund darin, dass diese verben jetzt im dialect meist schwach flectieren (praeteritum: fraate, labte, rotte, brotte). Diejenigen verben der 4. classe, die einen dunkeln vocal der u-reihe, anstatt des gewöhnlichen ie (althochd. iu), angenommen haben, lauten ebenfalls um: kruuche (kriechen), krycht, ruuche (riechen), rycht, ſuffe (saufen), ſyfft, ſtuoße, ſtößt. Ausserdem nehmen noch den umlaut an: tuo (thue), tit, und haa (habe), hät.

Diejenigen verben der 1., 2. und 3. classe, deren ursprünglicher i-laut in der 1. pers. sing. gebrochen erscheint, heben diese brechung wieder auf, und zwar wird auf diese weise ae und e meist zu i: helleſe, hilleſt; ſteche, ſticht; naeme, nimmet; eße, ißt; gae (gebe), git; traete, tritt. Ae und e mit folgendem r werden zu ee und ö: ſchwaere, ſchweert, werfe, wörſt. Kumme (komme) bildet kömmet. Fechte und flechte bleiben unverändert, neigen sich auch bereits der schwachen conjugation bedeutend zu. Stecke bildet ſtickt neben ſteckt. Waere (werden) hat wärt, dagegen waere (währen) waert.

Die verben der 6. classe, deren stamm nicht auf b, n oder vocalisch endigt (bliibe, fchiine, ftii, steigen), verkürzen ihr ii zu ŋ: fchliife, fchlŋft; fchliidje, fchlŋdjt; wiife, wŋft. Die verben der 4. classe auf t, b und ß verkürzen ihr ie zu i: biete, bitt; fiebe, fibt; flieże, flißt. Zie, ziehen, bildet zŋt, und fie, sehen (3. cl.), ŋt. Die verben auf t und b, schwache sowohl wie starke, verkürzen sämmtlich ihren stammvocal: roote (rathe), rott, behiete (behüte), behitt, baabe, babt, reebe, röbt. Tauge bildet tocht.

17. Ein unregelmässiges praesens haben folgende verben:

bän (bin), bäft, äs, fin, fiit, fin,
fann, fannft, fann, finn', finnt, finn',
weiß, weißt, weiß, wißßen, wißt, wißßen,
faü (foll), fatt, faü, follen, follt, follen*),
will, witt, will, wollen, wollt, wollen,
muß, mußt,**) muß, miffen, mißt, miffen,
bärf (darf), bärfft, bärf, börfen, börft, börfen,
mag, magft, mag, meegen, meeget, meegen.

18. Der imperativ ist (in der 2. sing.) der reine stamm. Consonanten, die in andern formen des verbs lange abgefallen sind, treten hier wieder auf: fchlog v. fchloo, schlagen, fag v. faa, sagen, fchwŋg v. fchwii, schweigen, zŋg v. zie, ziehen, fŋg o. fŋch v. fie, sehen, ftŋg v. ftii, steigen, lig v. läe, liegen, lög v. läe, legen; hab v. haa, haben, gib v. gae, geben, haub v. haue; holt v. hoole, halten. Ja, sogar wo nie ein auslautender consonant war oder wo derselbe

---

*) Daneben: föll, fött, föll, föllen etc.
**) Daneben: mutt.

wenigstens in der schriftsprache sich gar nicht mehr findet, wird bisweilen nach einem vocal g (k), nach einem m, b (p) gesprochen: ſyg v. ſii, sein, ſchröig v. ſchröie, schreien, tug v. tuo, thun; nimb v. naeme, nehmen. Sehr selten sind daher vocalisch auslautende imperative: ſtie, steh, gie, geh; und auch hier findet sich die neigung, ſtieg u. gieg zu sprechen. Dagegen ist die neigung, dem imperativ ein e anzuhängen, nur äusserst gering. Der vocal des imperativs ist der reine stammvocal des präsens, wie derselbe auch in der 2. und 3. sing. auftritt. Umlaut findet jedoch dabei nie statt, wohl aber fast überall verkürzung, wie dies schon aus den citierten beispielen hervorgeht.

Die 2. pers. pl. des imperativs lautet mit derselben form des praesens ganz gleich.

19. Der infinitiv ist ein doppelter. Die längere form endigt auf en (n) und lautet überall mit der 1. u. 3. pl. des praesens gleich, also ʒe ſchloon, zu schlagen, ʒe ʒien, zu ziehen, ʒe tinn' (statt tinnen), zu können. Eine ausnahme ist ʒe ſiin, zu sein, während die 1. pl. praes. ſin lautet. Von deser längeren form wird die kürzere durch abfall des n gebildet, also: ſchloo, ʒie, tinne, ſii.

Der gebrauch beider formen ist ein fest begrenzter. Die lange form steht nur nach der praeposition ʒe und als substantiv: eßßen un trinten ſchmödt en (ihm) nich mie (mehr). Einsylbigen infinitiven dieser form kann willkürlich ein tonloses e angehängt werden: ʒe ſiene, zu sehen, ʒe tuone, zu thun. Die kürzere form steht nach modalitäts- und hilfsverben, stets ohne präposition: me waeren ſe nich in' ſtiche looße, wir werden sie nicht im stiche lassen; de ſöllt's abber teinen ſaa, ihr sollt's aber keinem sagen. Dieser form kann in allen fällen ein je vorgesetzt werden: he kann nich nie jegie (gehen). In solcher gestalt kann der infinitiv auch als substantiv dienen: ich kann das jesinge nich jeliide (das singen nicht leiden).

20. Das particip des praesens wird durch anhängung der endung ing an den längeren infinitiv gebildet: wißßening, wissend, laesening, lesend, giening, gehend. Mit der genitivendung es dienen solche participien häufig als adverbien: laufeninges, riiteninges, muß das jetonn waere, laufend, reitend, muss das gethan werden.

21. Vom conjunctiv des praesens wird nur noch die 3. p. sing. gebraucht. Dieselbe lautet überall gleich dem kürzeren infinitiv: 's kumme wii's wolle, es komme wie es wolle. Alle übrigen personen werden durch meege (mögen) mit dem inf. umschrieben.

22. Das praeteritum wird bei starken verben durch ablaut, bei schwachen durch die endung ete aus dem praes. gebildet: traage — truog, laebe — laebete. Für die ausstossung des (ersten oder zweiten) tonlosen e der endungen gelten die in § 15 für die 2. und 3. p. sing. und 2. p. pl. aufgestellten regeln. Es flectiert also ein starkes verb: —, (e)ſt, —, en, (e)t, en; ein schwaches: (e)te, (e)tſt, (e)te, (e)ten, (e)tet, (e)ten.

Der conjunctiv des praeteritums lautet bei schwachen verben mit dem indicativ völlig gleich, bei starken jedoch nimmt die 1. und 3. sing. ein e an: ich schnätte (schnitte), be schnättſt, he schnätte etc., auch tritt, wo es möglich ist, der umlaut des stammvocals ein: froor (fror), freere; hullef (half), hillefe. Als umlaute gelten hierbei folgende: ö (ee) für a und o, i für u, y für v; bei den verben der 1. klasse

(§ 24) e für u, weil der ursprüngliche vocal für den sing. a war. Die praeterita faamb, naamb und ſtund verlieren in allen formen, ausser der 1. u. 3. sing. indic., ihr b und b: de faameſt (du kamst), he keeme, me naamen (wir nahmen, he neeme, he ſtinne*) (stände).

23. Das participium perf. pass. wird von starken verben durch ablaut und die endung en, von schwachen mittels der endung et gebildet. Hierbei gelten auch die in § 15 gegebenen regeln: jelaebet, jehoſſt. Alle einfachen verben nehmen im particip den vorsatz je an, also auch die fremden auf ieren. Man sagt jefumpelmentiert (complimentiert), jespazieret, so gut wie jegoßßen, jelaebet (im niederländischen ebenso: geïllustreerd, geredeneerd). Die mit be, fer, er, ent, zer, je und untrennbaren praepositionen zusammengesetzten verben nehmen diese sylbe jedoch nicht an: ferlooren, bedoodjt (bedacht).

24. Die starken verben lassen sich, nach der bildung des praeteritums und particips, in 7 klassen theilen. In der I. kl. ist der laut und ablaut im althochdeut. i, a (pl. u), u (o), hier 1) i (η), u (v), u (v): finge (finden — fung, jefungen), jelinge, jewinne, klinge, fich beginne**) (sich verstellen, geberden), binge (binden), ringe, jerinne***) (coagulieren), ſchinge (schinden), ſchlinge, ſpringe, ſpinne, ſtinke, ſchwimme, ſchwinge, ferſchwinge (verschwinden), finge, finke, finne,†) bringe, trinke, dinge, winge (winden), zwinge; 2) e, u, u: gelle (gelten — gull, jegullen), hellefe (helfen), quelle, ſchelle

---

*) Daneben auch, unregelmässig, ſtenne.
**) Das einfache beginne (anfangen) kommt nicht vor.
***) Das einfache rinne (laufen, fliehen) ist ungebräuchlich.
†) Häufiger: ſich befinne.

(schelten), ſchwelle, belle (bull, daneben schwach: bellte); 3) ö, o, o: ſchmölʒe*), ſchmolʒ, jeſchmolʒen. Eigentlich zu kl. II gehörig, haben sich doch dieser klasse mehr genähert: ſchaere, gaere**), ſchwaere u. ſchweere (schwören), mit uo im pract., oo im part.; fechte, flechte, berſte, mit o in beiden formen, doch alle drei sehr zur schwachen flexion geneigt, bes. das erste; heebe, huob (daneben hobb u. hieb), jehobben.

25. Die II. klasse umfasst die verben, die ahd. im pracs. i (ë), praet. a (pl. â), partic. o haben. Von den hierher gehörigen verben haben 1) e (ae), aa, o: befaele (befaal, befollen), breche (braach, jebrochen), breſche, ſpreche, ſteche, ſtecke (ſtaal; part. schwach: jeſteckt), treffe, ſtaele (ſtaal, jeſtollen), erſchröcke (unrichtig statt erſchrecke); 2) ae, aa, u (v): naeme (naamb, jenummen); 3) u, aa, u: kumme (kaamb, jekummen). Von jebaere kommt nur das part. vor: jebooren. Hierher haben sich auch mehrere verben verirrt, die urspr. zur I. kl. gehörten: waere (werden — waar, jeworren),***) we̱rbe (warb, jeworben), ferderbe, werfe, ſterbe, ferberge.

26. Zur III. klasse gehören die verben, die ahd. i (ë), a (pl. â), ë haben. Sie haben hier 1) e (ae), aa, e (ae): eßße (aaß, je-eßßen), freßße, laeſe (laas,†) jelaeſen, meßße, traete, fergeßße; 2) äe, aa, äe: läe (laag,††) jeläen†††) — liegen); 3) ae, a, ae: gae (geben — gabb, jegaen); 4) ie, aa, ie:

---

*) So im anschluss an die schriftsprache. Das intrans. verb sollte eigentlich e, u, u haben; das transitive, schwach flectierende, hat mit recht ö.

**) Dagegen gaere, gaerte, jegaert, schwatzen, klatschen.

***) Dagegen: waere, waerte, gewaert = währen.

†) Daneben auch: lies.

††) Dagegen trans. läe, läete, jeläet = legen.

†††) Auch: jelaegen, nach dem hochd.

jeſchie (geschehen — jeſchaag, jeſchien), ſie ſehen — ſaag, jeſien); 5) i, aa, e (ae): ſitze (ſaaß, geſeßßen), bitte (baat, jebaeten).

27. Zur IV. klasse gehören die verben, die ahd. iu, ô (pl. u), o haben. Sie haben hier 1) ie, oo (o), oo (o): fliege (floog, jefloogen), fließe (floß), ferliere, ferbrieße, jenieße, gieße, liege (ltigen), biege, wiege,*) biete (bott, jebotten), ſchieße, ſchließe (schliessen u. schleissen), ſiede (ſobb, jeſobben), zie (ziehen — zoog, jezoogen); 2) ii, oo (o), oo (o): friire, ſtübe (ſtobb, jeſtobben); 3) uu (uo), o, o: kruuche (kriechen — kroch), ruuche (riechen), ſtuoße**) (stossen — ſtoß, jeſtoßßen), ſchuube (schieben — jeſchobben); 4) u, o, o: ſuffe (saufen).

28. Die V. kl. enthält die verben mit a, uo, a im ahd. Sie haben hier 1) aa (a), uo, aa (a): faare (fuor, jefaaren), graabe, maale (das impf. muol kaum gebräuchlich), ſchaffe (ſchuof),***) trange, waachſe (wuochs), waſche (wuoſch), laabe,†) fraa (fragen — fruog, ohne part.)††), backe; 2) oo, uo, oo: ſchloo (schlagen — ſchluog, jeſchloon, daneben auch häufig, mehr hochd., jeſchlaangen).

29. Die VI. klasse umfasst die verben, welche ahd. im praes. î, praet. ei (pl. i), part. i haben. Sie haben hier 1) ii, ei, ei: ſtii (steige — ſteig, jeſtein), krii (kriegen, bekommen — kreig, jekrein), ſchwii (schweigen — ſchweig, jeſchwein): 2) öi, ei, ei: ſchröie (schreien — ſchreig, jeſchrein); 3) ii, ä, ä: pfiiſe (pfeife — pfäſſ, jepfäſſen), gliiche, gliite,

---

*) Hierher verirrt aus der 2. kl.
**) Hierher verirrt aus der 7. kl.
***) Dagegen ſchaffe, ſchaffſte — anschaffen, kaufen.
†) Daneben schwach: labte, jelabt.
††) Daneben schwach: fraate, jefraat.

knipe (kneifen), griife, tiife (keifen), liide (leiden — läbb, jeläsben), fermiide (wenig gebräuchlich), priife, riibe, riiße, riite, bliibe, schliidje, schliife, schmiiße, schniite (schneiden — schnätt), schriite, schriibe (schräbb, jeschräbben), striidje, striite, ungerschiide (unterscheiden — ungerschäbb), schiine (scheinen — schänn, jeschänn'), triibe (träbb, jeträbben), wiidje (wenig gebraucht), wiife (weisen — wäss, gewässen).

30. Die VII. kl. endlich umfasst die früher reduplicierenden verben, deren praet. im althochd. ia hatte. Sie haben jetzt gewöhnlich uo (u), daneben sind jedoch auch die hd. formen mit ie (i) gebräuchlich: fange (fung, jefangen), hönge*) (hung, gehangen), gie (gung, jegien — gehen), stie (stund, jestien, stehen),**) bloose (blasen — bluos), falle (fuol), hoole (halten — huol), heiße, looße (lassen), laufe, schloose (schlafen). Nur ie im praet. haben haue (hieb), ruofe (rief, daneben auch schwach: ruofte, jeruoft). Von den verben roote u. broote (rathen, braten) kommt nur das part. vor: jerooten, jebrooten; gewöhnlicher werden sie schwach flectiert: rotte, jerott, brotte, jebrott.

31. Folgende verben bilden ihr praeteritum und part. pass. auf unregelmässige weise:

Infln.		Praet. indic.	Conj.	Part. pass.
brönge	(bringen)	broochte	brechte	jebroocht
dönke	(denken)	doochte	dechte	jedoocht
därfe	(dürfen)	dorfte	dörfte	jedorft
kunne	(können)	kunnte	künnte	jekunnt
meege	(mögen)	mochte	möchte	jemocht

*) Sollte eigentlich, intransitiv, hange lauten.
**) Aus kl. 5 hierher gerathen. Neben stund hört man auch stand.

Infin.		Praet. indic.	Conj.	Part. pass.
miſſe	(müssen)	muſste	miſste	jemuſst
wiſſze	(wissen)	wuſste	wiſste	jewuſst
haa	(haben)	hotte	hötte	jehatt
ſii	(sein)	waar	weere	jewaeſt
tuo	(thun)	tabb	többe	jetonn.

Statt der regelmässigen praeterita wollte, ſöllte, mußte, kunnte hört man sehr oft die contrahierten formen: wolle, ſölle, mutte, kunne mit den conjunctiven: wolle, ſölle, mitte, kunne.

Schwache verben, deren stamm auf d oder t ausgeht, verkürzen in der regel ihren vocal im praeter. und part. pass., sowie in der 2. und 3. sing. praes., z. b. kleibe, — klöbſt, klöbte, jeklöbt; broote — brotſt, brotte, jebrott; ebenso baabe, laabe, roote, luute o. liite (läuten), tuute (blasen), hiete (hüten). Tauge bildet tochte, daneben, gleichsam als conjunctiv, töchte (und teegenhſchi, taugenichts).

B. Nomen.

32. Die declination unterscheidet sich von der hochdeutschen besonders durch den mangel des genitivs. Nur in zusammensetzungen, wie ſaatersbruoder, brudersjoon, nappers kinger (nachbarskinder), sowie in adverbialen ausdrücken ('s naachts), finden sich noch spuren dieses casus. Der possessive genitiv wird durch den dativ mit folgendem possessiv-pronomen umschrieben, z. b. unſen borgemeiſter ſin hos (das haus unsres bürgermeisters), feelen lüten eere ſchulden (die schulden vieler leute). Praepositionen, die im hd. den genitiv erfordern, werden mit dem dativ construiert, oft auch mit hilfe des possessiv-pronoms, z. b. biſſen kerrels ſintwaegen, oder waegen biſſen kerrele (wegen dieses kerls). Adjective und verben, die im hochd. den gen.

bei sich haben, stehen entweder mit dem acc. oder mit praepositionen (fon, an): idj bän baš nidj fumpaabel (capable, fähig); he jebönft an uns. Der partitive genitiv wird durch fon umschrieben: be meerſten (meisten) fon ben liiten; der flönſte (kleinste) fon uns. Nur von den pluralen der pron. pers. existiert eine eigene form für den gen. partit. Dieselbe wird jedoch nur bei cardinalzahlen angewandt: unſer jaene (10 von uns), unrer dröie, eerer feele, unſer einer.

33. In der bildung der übrigen casus weicht der dialect besonders in folgenden punkten von der schriftsprache ab:

Zu den pluralendungen der masculina und neutra der starken declination (e, er im nom. u. acc., en, ern im dat.) tritt noch š für alle casus des plurals. Dasselbe kann allen durch die ableitungssylben el, en, er, djen gebildeten substantiven, wenigstens sofern ihr pl. nicht schon durch den umlaut kenntlich ist, angehängt werden: böcfelš, baegens, ſdjuſters*), bingelš (bündel), pflaſters, maedjens (mädchen); dagegen gewöhnlich öppel, v. appel. Uowen (ofen), laaben, goorten (garten) haben jedoch nowens etc., ohne umlaut. Dasselbe š bekommen auch die vielen jetzt zur gemischten declination gerechneten masculine auf en: brootens (braten); ferner die fremden auf er (or): boltersš, paſters. Abelaer (adler, adel-aar) hat gewöhnlich aabelaere; napper, nachbar, nappers neben nappern, dagegen buuer, bauer, stets buuern. Auch wörter wie funke, haufe sind zu funfen, haufen geworden und nehmen im pl. š an. Sonstige abweichungen in der pluralbildung starker oder gemischter masculina und neutra sind: beerter, bärte, beimer, bäume, hieter, hüte,

---

*) Nach r lautet š wie sch.

ſträßer, sträusse, haener, hähne, binger, dinge, ſiecher (v. ſiech, riech), eebeſter (v. obst), hellemer, halme, börner, bruunen, hämmeber, hemden. Unregelmässigkeiten in der pluralbildung finden statt bei: ſchuch, pl. ſchuo, und fuo (kuh), pl. feiwe (ahd. chuowî). In der quantität des vocals weichen im pl. vom hochd. ab: glas, glöſſer, rad, rödder, während bad baeder bildet. Sonst ist die quantität noch vom nhd. abweichend, aber mit dem ahd. meist übereinstimmend, in ſöb (sieb), ahd. sip, pl. ſeebe, glid (ahd. lid u. kalid), pl. glibber, blaat (blatt, ahd. plât), bract (brett), naeſt, naacht, liecht (ahd. lioht), hus, pl. hyſſer, buch (bauch), pl. byche. Muul hat im pl. myller.

34. Die wörter, die ursprünglich in m endigten, haben dies besser fest gehalten, als in der schriftsprache: ſabbem, faden, bobbem, boden, boſſem, busen (ahd. vadum, podum, puosum). Die ersteren bilden im pl. ſöbbemer, böbbemer, das letztere kommt im pl. nicht vor. Nur baeſen (ahd. pësamo), pl. baeſens, hat sein m aufgegeben. Ein e haben im sing., abweichend von der gewöhnl. neuhochd. form, die mit dem vorsatz je gebildeten neutra: jemiete, gemüth, jeſiechte, gesicht (pl. jemieter etc.); ferner herze, von dem ein pl. nicht vorkommt, fryße, kreuz, pl. fryßer, (das) flecke, fleck, pl. flecker.

Die dativendung im sing., e, wird nicht nur in allen den fällen, wo sie in der schriftsprache wankend geworden ist, streng festgehalten, sondern steht auch gewöhnlich noch bei abgeleiteten wörtern auf el, er etc., wo sie dort schon lange weggefallen ist: (uf den) berge, baume, böckele, bobbeme, hammere. Nur die abgel. wörter auf en (chen) bekommen dieselbe nicht: (möb d'n) baegen, iiſen.

Die declination der starken feminine ist dieselbe wie im hd., also: bant, pl. bönte, bönten, bönte.

35. Bei der schwachen declination findet oft anhängung von s an die pluralendung (en) statt: jungens, herrens. Doch ist dies nicht die regel, im gegentheil wird bei vielen wörtern dies s nie angewandt: mönjchen, Franjuojen. Sämmtliche wörter endigen im nom. sing. auf e, also: (d'r) graaje, förjte, fiute, herre, studente, abjetaate. Baer, sowie Pummer (Pommer, gew. pferd aus Pommern), Beier u. a. gehören der starken decl. an, daher pl. baere, Pummers.

Die vielen feminina gemischter form auf e haben auch im ganzen sing. (mit einschluss des nom.) n angenommen, so dass bei ihnen alle casus gleichlauten, wenn man nicht den pl. durch ein angehängtes s unterscheiden will, was öfters geschieht. Man sagt daher beeren, pfüfen, naajen, im pl. beeren (o. beerens) etc. Frau hat im dat. u. acc. frauen, doch hört man auch sogar im nom. frauen, im pl. gewöhnlich frauens. Zu dieser klasse von femininen sind auch einige wörter anderer klassen gekommen: troppen (tropfen), booren (dorn), dormen (darm), jchnuoren (schnur). Dagegen ist jachen, im sinne von zeug, stoff, zu einem neutrum, ohne pl., geworden.

Der sogen. gemischten declination gehören hier also nur noch eigentlich an: alle nicht auf e endigenden und nicht stark flectierenden feminina, wie gabbel, fedder, pl. gabbeln, feddern; ferner nur wenige masculine und neutra, wie jchmerz, stachel, binner; aue (auge), uor (ohr).

36. Eigennamen werden auf zweierlei weise behandelt. Wenn sie ohne artikel, pron. demonstr. und adjectiv stehen, so nehmen sie im dat. und acc. die endung n (en) an;

Karrelen, Justen (Auguste), Wollewen (Wolf), Lüsen. Ausgenommen davon sind die deminutive, die an sich schon auf en endigen: Fritzchen, Reesdjen. Wenn sie den artikel, ein pronom. oder adjectiv bei sich haben, bleiben sie im sing. unverändert: den kleinen Karrel, disser Lüse, der Wollewen (der Wolfin, d. i. Wolfs frau). Den plural bilden sie in beiden fällen auf s; namen, die mit e, z, ß, s oder sch endigen, jedoch auf ens: beide Karrels, Wolles, Roosens, Röschens.

Das feminin wird von familiennamen durch die endung en gebildet, hat jedoch stets, mit ausnahme des vocativs, den artikel bei sich: de Wollewen (Wolfs frau), de Schulzen.

37. Von jedem substantiv kann ein deminutiv gebildet werden mittels der endungen chen, ichen, tchen und eltchen. Die letztere endung wird nur wörtern angehängt, die auf ch, che, chen, ge, nge, gen endigen, wobei das e oder en der ursprünglichen endung unterdrückt wird, z. b. biecheltchen (kl. buch), secheltchen (kl. sache), jingeltchen (kl. junge), waegeltchen (kl. wagen), kiecheltchen (kl. kuchen). Wörter auf l, die den ton nicht auf der letzten sylbe haben, bekommen die endung tchen: eppeltchen (kl. apfel), seegeltchen (kl. vogel). Wörter, deren stamm (nach abwerfung von e, en) auf b, w, l, m, n, r endigt, indem also ein betonter vocal voraus geht, nehmen ichen an: iewichen (kl. ofen — uowen), schaelichen (kl. schale), raemichen (kl. rahmen), mennichen (kl. mann), teerichen (thür). Alle übrigen bekommen die endung chen, doch auch nach abwerfung von e, en: fleschchen (flasche), brettchen (v. braet), fingerchen. Wörter auf nd verwandeln in der regel diese endung in ng: kingchen (kl. kind), hingchen (kl. hund). Statt pfaerdchen

hört man häufiger pferrichen. Von dem worte fuo (kuh) bildet man ein unregelm. deminutiv feiwichen, ferner von aue (auge) eiweltchen, von muul (maul) mhülichen.

38. Wie aus allen diesen beispielen hervorgeht, wird der umlaut in viel ausgedehnterer weise angewandt, als bei der pluralbildung, so zwar, dass sich jeder dunkle vocal in der deminutivform in einen hellen verwandelt. Als umlaut für jedes u gilt hier i, für o, ö, für o, ō, für a, e, für au, ei, z. b. hund — hingchen (pl. hunne), luft — liftchen, hos — hyschen, borsche (bursche) — börschchen (pl. borschens), schatz — schetzchen (pl. schötze), baum — beimichen.

39. Die pluralbildung geschieht bei deminutiven auf eine doppelte weise. Die wörter, welche den pl. auf er bilden, hängen die endung chens an den plural: fingerchens (kl. kinder), hysserchens (kl. häuser); alle andern hängen einfach s an die singularform: becheltchens (bäche), scheeschens. In beiden fällen kann jedoch dies s auch abfallen.

40. Die adjective werden ganz wie im hochd. behandelt, ihre declination ist demnach die folgende:

	Starke form.		Sing.		Schwache form.
Nom.	(en) guoder (enne)	guode (en)	guodes	(der)	guode (de,'s) guode
Dat.	guoden	guoden*)	guoden		guoden guoden
Acc.	guoden	guode	guodes		guoden guode.

Plur.

Nom.	guode	(de) guoden
Dat.	guoden	guoden
Acc.	guode	guoden.

---

*) Ohne artikel guoder.

Die adjective auf lb (lt) und nb (nt) stossen vor vocalischen endungen b aus, wobei nach kurzen vocalen das l und n verdoppelt wird: oolb (alt) — ooler, oole, koolb (kalt) — koolen, kooles, gesund — gesunne, runb — runne.

Die endung des neutrums es kann auch, wie im hd., wegfallen: en guod ding.

41. Die endungen des comparativs und superlativs sind er und est, wobei für den ausfall des e (in est) die in § 15 gegebenen regeln gelten: kluog, klieger, kliegest, schlecht, schlechter, schlechtst. Viele adjective nehmen bei der comparation den umlaut an, manche verkürzen oder verändern auch sonst den vocal, z. b. huoch — höcher, gruoß — größßer, wiit — wytter, kleine*) — klönner, schiene (schön) — schönner, oolb — elber, koolb — kelber. Unregelmässig sind: guod — bößßer, bößt, noo (nah) — necher, nechst, feele (viel) — mie, meerst.

42. Die personal-pronomina sind:

Sing.

Nom.	ich u. iche	duu (de)	hee (he)	sie (se)	es ('s)
Dat.	mich (me)	dich	een ('n)	eer (er)	— ('n)
Acc.	mich (me)	dich	een ('n)	sie (se)	es ('s)

Plur.

Nom.	mie (me)	die (de)	sie (se)
Dat.	uns	nch	— ('n)
Acc.	uns	nch	sie (se)

Die eingeklammerten formen werden gebraucht, wenn

---

*) Adjectiva auf n und einige auf m u. l nehmen auch, wenn sie praedicativ stehen, e an: dinne (dünn), helle, bequeeme, tolle (toll).

der ton nicht darauf ruht. Manche formen existieren nur
verkürzt ('n), andere nur betont und lang (idj, udj). Als
unbest. pron. dient me (man), im dat. u. acc. ein' (einen).
Das reflexivum ist ſidj.

43. Die possessiva werden folgendermassen gebildet
und flectiert:

	Sing.			Plur.
N.	minner	minne	minꝰ	miinne
D.	min'n	minner	min'n	min'n
A.	min'n	minne	minꝰ	miinne

In attributiver stellung (vor substantiven) fällt die endung
er im masc. und ꝰ im neutr. ab, man sagt min faater, min
hvꝰ. Ganz ebenso wird din (dein) und ſin (sein) behandelt;
eer (ihr, 3. sing. fem. und 3. pl.) flectiert auch ähnlich,
nur sagt man nicht eer'n (wie min'n), sondern eeren. Ganz
ebenso geht uner (euer), doch fällt, sobald eine vocalische
endung daran tritt, das e aus: uurer, uure, uureꝰ o. uuerꝰ.
Unjer, unje, unjeꝰ hat im dat. unjen, unjer, unjen, acc. unjen,
unje, unjeꝰ; pl. nom. u. acc. unje, dat. unjen. Es bekommt
weder im masc. ein er, noch verliert es im neutr. sein ꝰ.
Nur praedicativ gebraucht werden die formen: miine, diine,
ſiine, eere, ſiine, unje, uure, eere, die nie verändert werden,
z. b. daꝰ hvꝰ äꝰ (oder gehiert) miine, uure.

44. Demonstrativa sind daer, die, daꝰ; diſſer, diſſe, diꝰ;
jönner, jönne, jönꝰ. Das erstere flectiert, wie folgt:

Sing.	Pl.
daer, die, daꝰ.	die
den, daer, den.	den
den, die, daꝰ.	die

In verkürzter form dient dasselbe als bestimmter artikel:

Sing.	Pl.
d'r, de, d's ('s).	de
d'n ('n), d'r, d'n ('n).	d'n ('n)
d'n ('n), de, d's ('s).	de

Dißer und jönner werden wie minner declinirt.

Als relativpronom dient ausschliesslich das demonstrative daer, die, das, und waer, was. Interrogativa sind waer (dat. acc. waen), was (ohne dativ); wöllicher, e, es (wie minner flectiert).

45. Ein eigenthümliches pronom ist das wörtchen er, eine verstümmelung des gen. plur. „ihrer," das seiner anwendung nach genau dem französ. „en" entspricht: Häst d' er enn nach), hast du ihrer (davon) denn noch? 'S git er keine mie, es giebt ihrer keine mehr. Ich haa er genung gefungen, ich habe ihrer genug gefunden.

Unter den unbestimmten pronomen weichen feele und alle darin vom hochd. ab, dass sie ihr e nie verlieren, auch nicht im sing. Alle dient auch, wie in andern dialecten, für „schon" und „weg, vorbei, vergangen."

46. Folgende pronomina können mit den praepositionen (eig. postpositionen) waegen und halleben zusammen gesetzt werden und nehmen dann besondere formen an: mint-, dint-, fint-, unfert-, uurt-, eert-, daerent- (deren oder dessen) waegen o. halleben. Auch kommt wohl das hd. weswaegen und deswaegen vor. Sonst sagt man waen fintwaegen (wegen wessen), dissen fintwaegen.

47. Die cardinal-zahlwörter sind, mit ausnahme von einer, eine, eins, das wie minner flectiert, auch in attributiver stellung sein er und s verliert, unveränderlich, so lange

sie den gezählten gegenstand bei sich haben. Die zahlwörter für 2—12 nehmen jedoch ein e an und werden wie die plurale unbestimmter adjective decliniert, sobald sie allein (substantivisch) stehen: zweie, dröie, fiere, finnewe (v. finnef), fechfe, fäbbene, aachte, niine, zaene, öllewe (v. öllef), zwöllewe. Die übrigen nehmen, wenn sie substantivisch stehen, nur im dativ ein en an: zwanzig — zwanzigen. D'r (de, 's) eine geht wie ein schwaches adjectiv. In verkürzter form dient ein als unbestimmter artikel: en, enne, en; en'n, enner, en'n; en'n, enne, en.

Bei unbestimmten zahlangaben bedient man sich einer eigenen ausdrucksweise: en moofer niine (etwa 9 mal), en ftyder fiere (etwa 4 stück), en dotzter dröie (ca. 3 dutzend). Zu erklären ist dieselbe als zusammenziehung aus en mool, er niine (ein mal, ihrer 9), d. h. neun einzelne male. Vgl. das niederl. „een stuk of vier" (eig. ein stück oder vier).

48. Die übrigen zahlwörter, bes. die ordinalien, sind den hochd. ganz analog gebildet. Von der schriftsprache einigermassen abweichend sind noch fofzaen 15, fofzig 50, fäbbenzaen 17, fäbbenzig 70, förzaen 14, -zig 40, drytzaen 13, dryßig 30, ninzaen 19, -zig 90; der förte 4.

C. Partikeln.

49. In der bildung von ortsadverbien geht der dialect weiter als die schriftsprache. Dem brinne, druße (draussen), dräbbene (drüben) entspricht ein hinne (hier innen), huße, häbbene. Neben nin (hinein), naan (hinan), nuuß (hinaus), nuf (hinauf), nunger (hinunter), näbber steht auch ninger (hin nach hinten); neben rin (herein), raan, ruuß, ruf, runger, räbber auch ringer (her nach hinten). Das hd. dar, da, in zusammensetzungen, ist vor vocalen stets zu

dr verkürzt, vor consonanten zu der: drim, darum, draan, daran; derfeer, dafür u. davor, derbii, dabei, derheime, daheim. Anstatt wobei, wofür, woran etc. sagt man wuo derbii, wuo derfeer, wuo draan; statt dabei, daran etc. oft boo derbii, boo draan. Das verkürzte de (da) steht gewöhnlich beim nom. der rel. pronomina: alles, was de boo waar; jeeder, daer de kaamb.

Von den aus participien gebildeten adverbien war schon oben (§ 20) die rede. Auch von substantiven werden durch die genitivendung s adverbien mit gewisser bedeutung abgeleitet: schingeleichs möb ein' spele, sehr schlecht mit jemand umgehen; ferstödens spele, verstecken spielen.

50. Die praepositionen möb (mit), nach, by (bei), fon, ze (zu), vß (aus), för (für u. vor), im (um), an, uf, in haben noch eine zweite, längere form, wenn sie, betont, in zusammensetzungen oder adverbial stehen: meede, nooch, bii, foone, zuo, muß u. vßße, feer, imme, aan u. aane, uffe, inne, z. b. dermeede, dernooch, derbii, derfoone, derzuo, dryßße, derfeer, draane (die ruhe ausdrückend), draan (bewegung), druffe (ruhe, wogegen druf, bewegung), drinne; ferner muß, imme=, aan=, feer=, nooch=laufe.

III. Verzeichniss von wörtern,
die in form oder bedeutung von der schriftsprache wesentlich abweichen.

a, aa.
aabel, mistjauche, atel.
aabelaer, adel-aar, adler.
aagen, ahd. agana, granne an der ähre.

aaft, aas, pl. aester.
abber u. abberst, aber.
ach, abgek. v. dach, doch.
achele, ebr. âchal, gierig essen.
ackermennichen, bachstelze.

abber, aber.
alle, bereits, schon; vorüber, vorbei.
allaeben, eben, also, daher.
allerwaegenſt, engl. always, überall.
antere (nach etwas), ängstlich od. gierig blicken, streben.
aſch, aschkuchen, topfkuchen.
au, auch.
aue, auge; dim. eiweltchen.

ä.
äbbel, übel.
äbber, über, ober-.
äbberaal, überall.
äbberſt, oberst.
äddel, edel.

b, p.
paabeſt, papst.
balbier, barbier.
balſemann, balsamhändler, fahrender krämer.
banſe, aufstapeln.
banſen, haufen (got. bansts, scheune)
pappere, siedend aufwallen (hülsenfrüchte).
part, f., partei.
barweß, barfuss.

battere, trippeln, laufen (fränk. batten).
bärne, birne.
bärſten, bürste.
beſſe, gucken, anstarren (vgl. engl. peep).
(ſich) beginne o. betno, s. verſtellen.
bekönnt, bekannt.
beiſt, bestie, pl. beiſter.
bellewere, belfern, keifen.
peppe, essen (v. kindern).
peppe, f., mund.
peſalter, psalter.
betzen, engl. bitch, hündin.
picterzölligen, petersilie.
bleche, bezahlen, blechpfennige aufzählen.
blaefe, blecken u. blöken.
pludbere, wasser aussprützen.
blummen, blume.
boddem, ahd. podum, boden.
boie, wiegen, einschläfern (dumm gehotzt un allebern geboit = geistig verkrüppelt).
bonn, bohne.
boole, bald.
boorzel, pustel.
porzel, purzel, kl. junge.
boſſem, ahd. puosum, busen.

boteſligen, bouteille.
botterſlaaden, butterbrod.
botterfoogel, engl. butterfly, schmetterling.
böbbere, beben.
bödenbract, brett zum aufstellen von geschirr (in der küche).
peetere, hämmern, pochen.
peepel, weichling, nur in dem versehen:
 Libber in'n winter en peepel,
 Wii in'n ſummer en treepel.
praatſche, wasser schnell ausgiessen.
braawe, adv., brav, tüchtig, sehr.
pratſch u. praſt, m., niederl. bras, menge, haufen.
briehaan, broihan, weissbier.
pruſlemeß, dicker mensch, viell. v. prahlhans o. prahlmatz.
bry'tigam, bräutigam.
pudere, pochen.
pubbere, kollern wie ein puter.
buſſbonn, pferdebohne.
buſſel, rock von dickem zeuge (düffel).
buſliche, büffeln, emsig arbeiten.

pulpactſche (v. poln. po polsku, auf polnisch), in fremder, unverſtändl. sprache reden.
bummere, trommeln, klopfen.
purre (engl. purr), flattern.
burrele, bohren.
puſſele, trippeln.
puſſeltchen (lat. pusillus), kleines kind.
puttchen, kleines huhn.
puuſen, eig. pose, flaumfeder.
punſtebacken, bausback.
by, bii, bei.
büche, beuchen (wäsche).
bychte, beichten.
pylſichen, junge gans o. ente, lat. pullus; daher fees-pyllichen, gelbgänschen, das auf dem kiese nistet.
bynoo, beinahe.
piiſterich, aufgeblasen. mensch; hohle, eiserne, zu Sondershausen aufbew. figur eines knaben.
byttel, beutel.
biiweſt, beifuss.

d, t.

taaj, schlag.
taageloch, dachloch, dachluke.
taafelſachen, n., niederes volk.

daamesch (damast), steifes wollenzeug, daher rappelbaamesch.
dach, doch; dach.
dachtel, f., schlag an den kopf.
dammel u. bengel, schmutz (von öfterem betreten).
dalleme, dahlen, tändeln.
taufel, verw. m. önkel, schafknöchel, gew. teufeltchen.
taufelmann, grosse weisse kirsche.
tappele, trippeln.
därch, durch.
de, da; du; die; ihr (vos).
deckele, wie ein dachshund laufen.
teig, teigig, z. b. teie (teige) bärne.
dellen u. dollefen, engl. dell, vertiefung.
daemesch, dumm.
tempere, tappen, klopfen (spielend).
derbii, dabei.
derfoone, davon.
derfeer, dafür u. davor.
derheime, daheim.
derhinger, dahinter.
dermang, dazwischen, engl. among.

dermöd u. dermeede, damit.
dernooch, danach.
derwädder, dawider.
derzuo, dazu.
taez, franz. tête, kopf.
dilten, röhre, hülse, z. b. wötzedilten, holzgefäss zum aufbewahren der wetzsteine, für schnitter.
tippe, engl. dip, dän. dyppe, tupfen, berühren.
tierschen, f., stengel u. rippe des kohlblattes.
titsche, tunken, tauchen.
ditterich, dietrich.
docken, ahd. tocha, puppe, davon klapperdocken.
toltere, taumeln, schwanken.
doo, da; dann.
doocht, n., docht (ahd. daht).
dooren, f., dorn.
doozemool, dazumal, damals.
dormen, f., darm.
dotst, dutzend.
többele, betäuben, überwältigen.
töibel, teufel, lat. diabolus.
deemelig, dumm.
dömpert (dämpfer), hut.
teer, thür.

döſchpraat, desperat.
deeſig, dumm (angels. dysig, schwindlig).
töſſel, kopf.
draan, daran.
dräbbene, drüben.
dräbber, drüber.
dräwweß, dreifuss.
dracſen, franzöſ. dressoir, schenktisch, ladentisch (toonbank o. theke).
treebeſch, trüb, trotzig.
tröcke, ziehen, niederl. trekken.
treibel, trödel.
trömmel, m., kräftiges frauenzimmer.
dreeſche, dräuschen, heftig regn.
druf, drauf.
trumpen, eig. trompete, nase.
drunger, darunter.
drußße, draussen.
truuſen, traufe.
druuß, daraus.
truutſchel, einfältige frauensperson.
drim, darum.
drinne, darin.
(ſich) tuo, s. verstellen, thun, als ob etwas sei; sich gross thun, brüsten.

duſtere, flüstern, leise reden.
dubben, daube am fasse.
tubben, taube.
tubbert, tauber.
duchte, dicht.
dullich, dolch; „abguss" am pfeifenkopfe.
dunder, donner.
tunn, tonne.
dunnemools, damals.
dort, dort, auch dorten.
duſſel, taumel, schwindel, halbschlaf.
duttch, dummer mensch (engl. totty?).
duttere, sich ängstlich anstellen (engl. totter).
dunne, dicht, nahe (engl. down).
'ſ dycht o. ducht, es däucht.
diimen, haufen heu oder getreide, feimen.
dyſchferiere, discurrieren.

e, ae.
ecker, got: akran, eichel; davon buochecker.
eiwele, äugeln.
eiweltchen, äuglein.
enn u. denn, denn (fragepartikel).

entrache, enterich, engl. drake.
aeren, erde.
ergattere, erlangen (englisch gather).
erkenaer, erker.
(sich) eröschere, s. erhitzen (verw. m. asche).
erweßen, ahd. araweiz, erbse.

f, pf.

fabbem, ahd. vadum, faden.
fann, fahne.
pfann, pfanne.
fär, feer, für; vor.
färche, fürchten; färchening mache, fürchten machen.
febber, feder.
fei, feig.
ferpaapele, geschmacklos u. dick kleiden.
ferbotte, überfüttern (kinder; dän. buttet, gedrungen).
ferpflöckt, verwünscht, wahrscheinl. von der abergläub. gewohnheit, beim aussprechen eines wunsches einen pflock in einen baum zu schlagen.
fernoßßen (part. v. ungebr. fernieße), verbraucht, abgenutzt.

ferschwind, flechtenart. ausschlag im gesicht.
faersten, ferse.
ficken, tasche.
fiech, vieh.
pfipp, ahd. pfipfis, pips, krankh. der hühner.
fitschenaß, ganz nass.
flaafe, engl. flog, schlagen, klopfen.
flaatschen, m., grosser fetzen, lappen.
flebbere, flattern.
flenne, lachen (ahd. vlannen, den mund breit ziehen), daher: he flennt wii en teig-affe.
flacz, flegelhafter mensch.
flitsche, lachen, mit offenem munde.
flittch, fittich.
fluetschen, f. (kl. flut), vergossenes wasser.
flunsch, mhd. flans, grosser hässlicher mund.
foolen, falte.
forcht, furcht.
(in)-föbbeme, (ein)-fädeln.
feele, viel.
föllichen, kl. fohlen.

feerfaaren, vorfahren.
feerig, vorig.
fraewel, übermüthig (ahd. vravali, urspr. adj.).
pfrops, pfropfen.
fröde, überfüttern (engl. prog, lebensmittel).
freelen, fräulein.
frönell, flanell.
fuchfele, verstecken (eigentl. fauchen).
fuchte, feucht.
fullidje, franz. fouiller, stopfen, durchwühlen.
fummele, zupfen, zerren (engl. fumble).
funfel, schlechte lampe (lat. funale).
furcht, furche.
fuuschen, kohlblatt (bausch).
fussel, faser.
funze, nähen, flicken (niederl. vitten, sitzen).
fydel, ferkel, engl. pig.
fügen, feige, davon: fuofügen, kl. runder käse.
Füfe, Sophie.

G, k.

faafe, quaken, schreien.
gaaneift, gänserich.

gaafele, im traume reden, faseln.
faazert, kater.
fadjel, kogel, frauenmütze; kachel.
fallunn, kaldaunen.
falmüfere, kahmänsern, grübeln.
fanfer, f. (lat. cancer, krebs), spinne, dah. fanferjespinnste.
fannrid(en), brett zum aufstellen von kannen etc.; uf den fannriden rim gie, überspannt reden.
faperfel (viell. v. charta pergamena), etwas steifes, hartes.
faptenarmes, capitaine d'armes.
fartactfdjen, grobe bürste (lat. carduus, kratzdistel).
fartuun, kattun.
faue, weinen (got. kumbjan, krumm sitzen).
gebbere, schwatzen, engl. jabber.
festerchen (lat. captura?), kl. kabinett.
feiere, factitiv v. kauern, z. b. de beine in de höchte feiere.

geifele (gaukeln o. kegeln?), sich überschlagen, daher koppsgeifel, purzelbaum.
geipele, wanken, umfallen (kippen).
geisten, hohle hand.
gaele, gelb.
gaere, schwatzen; gähren.
ketze, ahd. kahazzen, laut lachen, gackern wie ein huhn.
kille, kühle, kälte.
glaat, glatt.
klaatere, mit geräusch fallen, engl. clatter.
klaatsche (klatschen), heftig regnen.
klappastere, klopfen.
kleime, kleben, kleiben.
klick(chen), kleck, fleck.
glid, glied, pl. glidder.
klitsche, flüssige stoffe anschmieren o. werfen, z. b. butter auf brot, kalk an die wand.
glössert, glasierte thonkugel, zum spielen für kinder.
gluome, engl. gloomy, trüb.
klobbere, klauben, kratzen.
glucke, sitzen o. hocken.

glucken, f., brütendes huhn.
glimme, glimmen, glühen.
gluuten, f., faules frauenzimmer.
klunz (kloss), dicke masse.
klinsen, f., spalt, ritze, engl. clinch.
knaapse, knallen.
knatz, grind; grindiges, verwahrl. kind.
knactere, knattern, knirschen.
knisterchen, kl. niedl. kind (dän. knev, niedlich).
knorz, verkrüppelter ast; ungestalt. mensch.
kncepele, knüpfen.
knössele, undeutlich reden.
knecezel, knatz.
knullich, m., knolle, geschwulst.
knupp, knopf; kl. mensch.
knuttele, keifen, murren, schelten.
knutten, f., knoten, knopf; samenkapsel des flachses.
knuusche, kauen (dän. knuse, zerquetschen).
knuust, niederl. knoest, ende vom brote; gedrungener kl. mensch.
knuutsche, drücken

kniist, ahd. chnîf, messer, kneif.

gniist, schmiere (gneiss?).

knütschig, knauserig (dän. gnidsk).

kockere, auf dem knie schaukeln (kinder).

kollen, kohle.

koom, kahm, schimmel auf essig o. wein.

gooren, garn.

goorten, garten.

koorten, karte.

kornrollen, f., drahtsieb zum reinigen des getreides.

korzumme, kurzum.

gotterbarme, wehklagen.

kotzmichel (v. ebr. qûç), jämmerlicher, zum erbrechen neigender mensch.

koue, kauen.

kowwent, m., schwaches säuerl. bier, eig. wohl conventstrank (in Preussen „schemper", d. i. schenkbier*). Noch spät hatte der kathol. clerus das recht, dünnbier zu brauen.

köchse, hüsteln (ahd. kahazzen, laut lachen).

köckere, keck und leichtfüssig laufen.

keete, engl. keck, speien, erbrechen.

keesen, f., federkiel.

gölten, gelte, holzgefäss.

könn, f., riss in der haut der fingerspitze (engl. chink?).

kees, kies.

keessleiser u. keesspyllichen, gelbe bachstelze, gelbgänschen.

kösseling (kiesel), grauwackengeschiebe.

keeten, lat. catena, kette.

kracke, m., dän. krakke, altes steifes pferd.

kreppel, f., ahd. chrapho, krapfe, pfannkuchen.

greebest, gröbs im obst.

kröckel, m. (v. krücke), kurbel zum umdrehen, am leierkasten, an der kaffeemühle.

kröcks, krächzer, alter gebrechl. mensch.

greege, munter, rege (ge-rege).

---

*) Nach G. H. F. Nesselmann, Forschungen auf dem Gebiete der preuss. Sprache III, Königsbg. 1871, p. 27.

krecfse, krächzen, s. räuspern.
kreepelig, krüppelhaft (niederl. kreupel).
gruft, gegrabenes, furche.
krunkſe (rim), krank herum liegen o. gehen.
kruunsbeeren, kronsbeere, preisselbeere.
gruppen, graupe.
krunſig, lat. crudus, roh, grasartig schmeckend (kohl).
kruſſel, halskrause.
grüne, engl. grin, grinsen (greinen).
grüſel, schlechte thranlampe, v. franz. graisse.
krytze, kreuz.
kuol, kohl.
kuolhaftig, kühl.
kochele, verw. m. keuchen, heimlich thun, flüstern.
kuffert, dän. kuffert od. koffert, koffer, wohl v. lat. copertum.
kullepen, f. (kolbe), dicke nase.
kunlloch, grube, grab, kaule.
kunlquaaken, kaulquabbe.
kummeſt, kaum, superl. v. mhd. kume.
kunze (kauzen), kauern.
küche, keuchen.

küſele, sticheln, bohren, durchwühlen.
kyllefen, fliessende nase (niederl. kolk, gosse, cloake).
küme, blass, leidend (mhd. kumen, leiden, davon kume, kaum).
kimmen, kerbe.
Kypphüſer, Kyffhäuser.
giir, geier; gier.
giire, gierig blicken.
giirsberg, verdorben zu kärschberg, eine anhöhe bei Nordhausen.
küſel, kreisel, wirbel, strudel.
kytzen, katze, daher kytzgrau.

h.

(ſich) haa, sich gehaben, gebehrden.
haanewackel, m., imbiss vor schlafengehen.
habberzug, haferzeug, hölzernes gestell an der sense, zum haferschneiden.
hache, grobian (franz. hache).
hackemack, plunder, kram.
hackſche, zweideut. reden führen (hacksch, eber).
's hallsbanderte, -dritte, selbander, selbdritt.

hangelliecht, hängelampe.
hangeltopp, henkeltopf.
haffelante, phantast, faselhans.
hau, heu.
häbbene, hüben, diesseit.
heft, m., haken am kleide.
heimeken, f., heimchen, grille.
heifch, heiser.
haepele, ungeschickt klettern.
heppel, ziegenbart.
hernsken, hornisse.
haetfche, kriechen, hutschen.
hippel, lat. capella, ziege, böckchen.
hippuf, springkäfer, schmied (elater).
hitfchen, hiitsche, fussbank.
hobbelaaten, oblate.
hojaene, gähnen.
hommeißel, ameise.
honneg, honig.
hoonecfere, höhnen, hohnnecken.
hoozel, f., getrockn. obst, hutzel.
hort, f., hürde.
hotten, f., quark, käse.
hotzen, wiege (verw. m. lat. cutis?).
heeben, hefen (v. heben).

höbfch, hübsch, mhd. hövise.
höchte, höhe.
hecken, hökerin.
höffelaaner, m., raupe des wolfsmilchschwärmers.
höffeling, kleiner fisch.
höffelleich, n., gewimmel, verwirrung.
hucken, f., hocke, bündel.
huft, ahd. huf, hüfte.
huowiifen, hufeisen.
hudjele (hauchen), einhüllen, zurückziehen.
hunpele, heben, aufhelfen.
huffele, wimmeln, sich schnell bewegen.
hußße, hier aussen, haussen.
hutfche, rutschen, hutschen.
hii, hott, zuruf an pferde.
himpel, lahmer, humpelnder mensch.
hingene, hinten.
hinger, hinter; nach hinten.
hinne, hier innen.
hiipen, hippe, krummes gartenmesser.

i, ie.
iebefte, irg. wie (öbest, superl. v. ob; ahd. iba, zweifel).
iewer, ufer.

j.

jachtere, jagend spielen (mit (kindern).
jaule, heulen, v. hunden.
jedermeze, niederl. gedarmte, gedärme.
jeheege, gehäge, lusthain bei Nordhausen.
jeppse, jappen, schnappen (n. luft).
jetierze, niedl. gedierte, gethier.
ji, je, ei.
joo, ja.
joor, jahr; ze joore, vor. jahr.
jormart, jahrmarkt.
justemente (franz.), just, gerade, eben.
juuche, jauchzen, got. jiukan.
jyckele, schnell auf- u. niederbewegen (die thürklinke), verw. m. jücken.
jüpe, heftig u. pfeifend athmen.

l.

lange, holen, langen.
lattch, langer mensch (latte).
lauen, lauge.
leich, ahd. leih, partie, beim spiel; unbest. menge, z. b. en leich schläege.
leifene, leugnen.
leimen, lehm.
leitsaage, dän. ledsage, geleiten.
leppere, lecken, gelüsten (lippe).
liecht, ahd. lioht, licht.
lock, unbest. menge (engl. log?).
lobben, f., lang aufgeschossener junger zweig, ahd. lota.
lootsch, pantoffel (latsche).
lorf, eig. lurch; kleiner mensch, kind.
löcke, benetzen, engl. leak.
löngete, engl. length, länge.
lönkesümen, lenkseil.
leet, n. (engl. lid), laden, deckel.
lötter, leiter.
lunere, lauern, warten.
lunten, f., lumpen; lunte; daher luntemann, lumpensammler; lump.
lutter, lauter.
lychte, ahd. lihti, leicht.
liim, leim.
lyttere, läutern (wäsche).

m.

Maary, Marie.
mallefen, malve.
mang, engl. among, zwischen.

mannßen, n., mannsperson.
manſche, mit den händen in flüssigkeiten spielen o. arbeiten.
mant, nur (ahd. wan?).
mart, markt.
marter (ahd. ebenso), auch maart, marder.
marunfel, grosse pflaume.
maſelber, massholder, ahorn.
matſch, m., schlammige masse.
matz, m., schwein.
me, man; wir; mich.
meiraal, majoran.
melle, melden.
meſſemen, f., mulm, staub auf wegen.
maere, unnützerweise angreifen.
mermel, marmor.
mie, wir; mehr; mühe.
miſſe, unangenehm riechen, muſſen.
millen, mühle.
miltzen, milz.
mierichen, märchen; mierichenslingen, eine alte grosse linde bei Nordhausen.
miſtebärne (bäre), misttrage.
mool, mal.

mooſer, malter (holzmass).
moolz, malz.
mormael, wurmmehl, davon mörnſele, zu mehl zerkrümeln.
morbs-ferrel, starker kerl.
möd, meede, mit.
meelen, milbe.
meelichen, dim. v. meelen, bisschen, wenig.
meer, mürbe, ahd. mâro, zart, weich.
mörgele, mit den händen kneten, verw. m. mergel.
muſſele, kauen, essen.
mullich, molch; dicker mensch.
multer, engl. moulder, verschimmelt, muſſig.
muost, mus.
muttele, engl. mutter, murren, murmeln.
mutten foogel, motte.
(ſich in-) mummele, sich einhüllen.
mummel-paez, vermummter mensch.
muuken, veraltete krankheit, eig. mauke (bei pferden).
muunz, katze.
muier, maurer.

mylichen, mäulchen, kuss.
minnich, mönch.

n.
naan, hinan.
nach, noch; nach.
napper, nachbar.
napperschen, nachbarin.
näbber, hinüber.
näbder, nieder.
nae, nei, neiu.
neien, neige, rest.
naerlich, engl. nearly, nur in der verbindung: knapp un naerlich, d. i. kaum.
naest, nest.
nich, nicht.
niecht, nicht wahr?
nitter, kuh-euter.
nooch, nach (bernooch, danach).
noodjt, noochter, nachher.
nootsch, saugbeutel, davon nootsche, saugen, lutschen.
nudere, nicken (jemandem zu).
nuf, hinauf.
nudele, saugen (engl. nipple).
nunger, hinunter.
nunn, nonne.
nuuß, hinaus.
nin, hinein.
ninger, nach hinten.

o, oo.
ob, ab; ob.
obbem, athem.
obber u. obberst, oder.
oobent, abend.
ooler, alter.
ooneinsötzte, vorletzte (ohne einen).
oort, art.
orm, der arm, pl. ormen u. ermer.
orme, adj., arm.
orntig, ordentlich.

ö, ee.
eekreepel, chekrüppel, spottn. für ehemann.
eelen, elle.
eelönge, elend.
ömmer, eimer.
öngebutten, dünndarm (butten == magen).
önkel, engl. ankle, knöchel am fusse.
önzeln, einzeln.
önzig, einzig.
eer, eher; ehe.
eergöstern, vorgestern.
ötwen, ahd. etewanne, etwa.
ötliche, etliche.

qu.

quackelig, veränderlich (engl. fickle).

quackje, stauchen, stossen, verw. m. zwacken.

qualster (dän. qvalster), zäher schleim, v. quellen.

quatsch u. quabber, gemisch, unsinn.

quaefe, quaken, hässl. schreien.

quereel, m., lat. querela, klage; lärm, geschrei.

querrel, quirl.

quetschen, zwetsche, pflaume.

quotsche, vergiessen, überfliessen lassen.

quytschen (quick-esche), ebersche, engl. quick-beam o. quicken-tree.

r.

raagen, fischrogen.

raagehart, ganz starr (vor erstaunen).

raan, heran.

raape u. raapfe, raffen, sammeln.

(sich) rassete, s. balgen, raufen.

rambraafe, lärmend arbeiten (dän. rambuk, rammklotz.)

räbber, herüber.

räbbeß, satte, milchgefäss.

reise, raufen, bes. beim kämmen.

reinefiere, renovieren.

reitel, knebel, eig. junger baumstamm, v. ahd. hrîtan, sprossen.

riesing, lurch, wassersalamander.

robinschen, rapunzel.

roden, roggen.

room, rahm, sahne.

reeben, rippe.

röbben, f., rüde, männl. hund.

reedel, röthel, bolus.

reckel, eig. riegel (ahd. hrekil), flegelhafter mensch; davon bandreckel, schimpfw. (dän. räkel=jagdhund).

röttüßchen, radieschen.

ruoben, rübe, ahd. ruoba.

ruf, herauf.

ruft, russ.

rump, rumpf, bes. eimer ohne beschlag u. tragring.

rundeel, niederl. rondeel, runder platz.

runger, herunter.

runks u. runken, grosses stück (brot).
roppen, raupe.
runsche, rauschen (v. fliess. wasser); davon rosches, rascheln.
runß, heraus.
rim, herum.
rin, herein.
ringer, nach hinten.
rinken, ring.
rinnschlätten, rennschlitten.

ſ (ſch).

ſaa, sagen.
ſaagen, säge.
ſachen, n., zeug.
ſaltaate, soldat.
ſchaavel, f., schlechte kopfbedeckung, frz. chapeau.
ſchaffen, m. (schiff), eiserne pfanne; schlechter hut.
ſchäbber, schiefer; (redensart: he frisst wii en sch.)
ſchebbere, plappern, keifen, (engl. jabber).
ſcheib, schief (v. schieben).
ſcherrn, scharren, fleischbank.
ſchiepel, steifer, ungeschickter mensch.
ſchlabber, f., maul; davon ſchlabbere, plappern (engl. slabber, niederl. slabberen, speichel fliessen lassen).
ſchlaps, grosser, flegelhafter mensch.
ſchlorſe, schlürfen.
ſchlobber, schleuder.
ſchmand, schaum.
ſchminkebonn, dän. sminkbönne (v. schmiegen), schnittbohne.
ſchmorgel, schmiere, z. b. pſiſen-sch.
ſchmulſemen, schmiele, binse.
ſchnaape, krachen, aufschlagen.
ſchnaazel, f., schnitzel.
ſchnormert, schnurr-kater.
ſchnorpſe, knirschen (beim zerbeissen von äpfeln).
ſchnörpel, ende von würsten, gurken.
ſchnnußen, schnauze.
ſchnütze, schnäuzen.
ſchoß, m., kl. steinkugel (v. schiessen).
ſcheeben, dän. skjäve, ahne o. spreu vom flachse.
ſchönn, schiene.
ſcheete, schütten, praet. schötte; ſich ſch., gerinnen (milch).

ſchcetewanne, schattenwand, schatten.

ſchraape u. ſchraapſe, engl. scrape, kratzen.

ſchrau, mässig in der lebensweise (engl. shrove).

ſchrumpele, schrumpfen.

ſchuch, schuh.

ſchuoſen, schaufel.

ſchulder, schulter.

ſchuckel, schaukel.

ſchuſſel, schaufel.

ſchulleber, f., niederl. schulp, hautblättchen.

ſchunken, alter schuh.

ſchunt, schon.

ſchupper, schauder.

ſchwabber, m., flüssige masse (niederl. zwadder, giftschaum der schlangen).

ſchwuche, lustig leben, tanzen.

ſchwullefe, hin und her fliessen.

ſchwumm, schwamm.

ſchwiineegel, igel.

ſchwinge, geschwind; schwinden; schwingen.

ſchwinnichen, kl. schwein.

ſchingeleich, schindaas.

ſchinn, scheune.

ſchür, engl. sheer, rein.

ſchütze (schütze), weberschiffchen.

ſeibere, geifern, speichel fliessen lassen.

ſeier, mhd. seigaere, uhr.

ſenn, sehne.

ſolaat, salat.

ſichere (sichern), zielen.

ſollen, sohle.

ſoolzmiſten, f., salzfass, meste.

ſoolzjöller, salzhändler (engl. sell).

ſöbb, sieb.

ſöllich, solch.

ſpilling, dän. ebenso, gelbe pflaume.

ſpißßen, hölz. spitze am „habberziige."

ſpeel u. ſpeelleich, spiel.

ſpreiel, sprenkel.

ſpuckte, f., speichel.

ſpuon, spahn.

ſpinder, dürrer mensch (spindel).

ſpüryß (lat. spiritus), kränkl. mensch.

ſtaake, hervorragen (stecken).

ſtampß, dicker brei (stampfen).

ſtämmel, stiefel.

ſtebbele, mit ſtäben ſtützen (erbſen, bohnen), daher steif machen, lang ausstrecken (die beine).

ſtaerʒ, niederl. staart, hintertheil der vögel.

ſtobben, stube.

ſtorg, storch.

ſtöbbichen, stübchen, gefäss, dän. stob (ahd. stouf, becher).

ſteebig, niederl. stevig, kräftig.

ſteekere, stacheln, sticheln.

ſtönʒe, werfen, bes. obst von den bäumen (engl. stunt o. stint, hindern, verkürzen).

ſteepel, eig. stöpsel, kurzer, dikker mensch o. gegenstand.

ſtörrele, stören, schüren, daher liechtſtörrels, haken zum reinigen u. schüren der lampe.

ſteete, stätte; städte.

ſtroue, streuen.

ſtrönʒer, landstreicher (dän. strente, haspeln, strippen).

ſtrumpe, eig. wohl im strumpfe verbergen, entwenden.

ſtrunʒen, lüderl. dirne.

ſtrübing, struppiger mensch (sträuben).

ſtrüchel, striegel (streichen).

ſtunʒen, m., hölzernes schöpfgefäss mit stiel, in Preussen „stippel" (engl. stunted, verkürzt?).

ſtuppel, stoppel.

ſtüʒ, gänsestall; enges gemach.

ſtüʒel, stritzel, gebäck; dummer mensch.

ſuo, so; zu (sehr).

ſodele, engl. suckle, saugen.

ſuuerampel, sauerampfer.

ſuulen, säule.

ſunſt, ſinſten, auch ſunſt, ſunſten, sonst.

ſiit u. ſint, seit.

u, uo.

uf, auf.

uſſe, offen; auf.

uſproʒe, aufprotzen, trotzig auftreten.

uobene, oben.

uowen, ofen.

v (un), uu.

un, und.

ungene, unten.

ungerbeßßen, indessen.

unjetierʒe, unthier.

vſſer, ausser.

vß, uß, aus.
vßßewönneg, auswendig.

w.

waachs, wachs.
waasen, base, cousine.
wallepe, engl. walk, plump einhergehen.
wammeße, prügeln.
wanst, fig., überfütterter kl. junge.
wäbber, wieder.
wärreich, gewirr.
webbele, s. bewegen, wimmeln (weben).
wenneer, wann.
willigere, wälgern, rollen.
woogen, wage.
woorte, warten.
worme, warm.
wöllige, mühsam bewegen (wälgern).
wölzere, engl. welter, wälzen.
wömme, rammen, schwer arbeiten.
wönge, wenden.
wönneg, wenig.
weesen, wiese.
wössel, f., wiesel.
wöttfrau, wittwe.
wöttmann, wittwer.

wuo, wo.
wuorim u. werim, warum.
wiibeßen, n., weibsperson.
wydden, weidenbaum.
wiieich, n., weihe, raubvogel.
wiile, weile; davon derwiile, allewiile; wyllichen, weilchen.
wyßelsbeeren (weichselbeere), wilde kirsche.
wyß, weiss.
wytter, weiter.

y (in), ii.

iilen, eule.
im, imme, um.
innewer, ingwer.
innewönnig, inwendig.
inster, lat. intestina, eingeweide (des kalbes).
inzunder, jetznud, jetzt.
inzwei, entzwei.
iisen, eisen, davon yssern.
iitschfen, f., ungezog. kl. mädchen.
yttel, eitel.
iiver, eifer.

z.

zäddel, lat. schedula, zettel.
zein, ziege.
zelberii, sellerie.
zelötzte, zuletzt.

zeppele, zappeln.
zerge, necken, zerren.
zericke, zurück.
zicken, ziege.
zien, m., zehe.
zippel, f., lat. cepulla, zwiebel; m., züpfel.
zocke, engl. tug, ziehen, zupfen, daher zockemann, hampelmann.
zönn, zinn; zinne.
zuufe, zurückziehen, zupfen.

zollep, zopf, züpfel.
zummele, zausen.
zund u. zunder, jetzund, jetzt.
zwöbbesten, hollunderbeere.
zyg, zeug.
zinzhaan, kampfhahn (zünden; niederl. tintel o. tuntel, zunder).
züpertier, junges thier (ahd. zëpar, opferthier).
züßchen. v., zeisig.

IV. Sprachprobe.
Wii de Brunschwiiger de statt äbberrumpelten.

Uns äs son oolen ziiten jesungen un jesaat,
Wuo mannicher tappere daegen in'n striite wunder tad.
Was abber unse börger sär gruoßes haan sollbroocht,
Doo draan wärd hiit ze taage son seelen nich mie recht jedoocht.

Drimm hiert: Finnef hundert joore, un mie, sin zund sergien,
Daß unser oolen riichstatt gruoß unheil äs jeschien.
Sär llostern waar's, doo huoß es mang unser börgerschaft:
„Siet, uf den rögemente sersammelt sich de rootsmannschaft!

Was mag das wol jewaere, was äs doo wäbber luos?"
Suo hiert' me de nappern spreche, suo fraate sich klein un gruoß.
Der borgemeister selleber uf's roothus boole gung,
Hei, wii doo son sin' scheemele en jeeder uf den mart nuuß sprung!

De roothuströppen boole son möuschen imlaagert waar,
En jeeder wollte was wißße son kriig un son jesaar.
Daer meinte: „Jewiß äs wäbber en strunchdieb ingebroocht,
Daer lange uns jeschungen; 's kaamb schneller wii he wol jedocht."

„Nei," meinte jönner, „ich weiß es, der borgemeister steig
Ze roothuuse drim suo schnelle, weil he zund en schriiben kreig.
En riichstag äs uußjeschräbben, dach weiß ich nich, werim;
'S kaun fröilich au unsjcht jehellese, es bliibet in'n riiche dach
                    aeben suo schlimm."

En anderer wädder saate: „ach nei, das äs es nich,
In 'n Dolendorfe*) en ritter hiite morgen fraate mich
Nach unsen borgemeister; ich doochte gliich, das äs
Fon'n Huohensteiner**) en boote, daer bruucht mool wädder geld
    jewiß."
Do hieß es uf eimool: „stille, dort giet en fenster uf!"
Un alle auen gucften an's oole roothus nuf.
„Giet heime, lieben liite," suo klung's fon uobene haer,
„Langet seer de morgensterne, serrammele jeeder tuor un teer.
Fon Pallekenriede runger in hellen haufen zien
De Brunschwiiger, herren un knechte, jesaerlich aanzesien.
Fon Meißen der markgraafe serlanget fon der statt
Zaen tousend gulden sillber, fär sinne tochter den hochziitsstaat.
Die inzetriiben, kämmet fon Brunschwyg möb sin' troßße,
Jellödt in blankes iisen, en hauptmann, huoch ze roßße.
Bedönkt dach, lieben börger, wenn daer örst brinne läet
In unsen oolen muuern, weiß keiner, wii 's en nach ergiet".
Hei, wii doo uf den marte das sollek vß enander stob!
By wiibern un by kingern sich schröi'n un hiilen erhob.
Der grobschmid, daer nach aeben sär der teer sich imme jesten,
Schmyßt vß der suust den hammer un feert wii wild ze'n huuse
    nin,
Der serber lößt fär schrecken sin gooren vß der hand,
'S weere boole fort jeschwummen, wenn nich sin borsche doo
    stand.
In de öden flieget der scheemel, der leisten hingerhaer,
De schusterzunnest war immer in 'n striite enne guode börgerweer.

---

*) Ein stadtviertel Nordhausens.
**) Die grafen von Hohenstein brandschatzten oft die stadt.

En jeeder, daer son boorte au mant en ſtycfchen hät,
Un daer nich oolb un frenflich derheime in 'n bötte läet,
Daer ryßt ſon der wand den ſtormhuot un oß der öden den ſpieß,
Un floppt den ſtaub oß den folder, ſiit jooren 'ß örſte mool
                 jewiß.

Uf den Könnigeshof*) en jeeder, daer waffen hotte, lief,
Der hauptmann dort möd noomen de börger önzeln rief.
Uf einmool, wii he aeben nach dis un das jefraat,
Doo hnoß es: „Liite, 's äs fiier, en nöies unheil fär de ſtatt."

En junge kaamb jelaufen de Rittergaßße haer:
„Herr, 's brennt a'un Oolentuore, de Meißener läen derfeer!"
Hei, wii doo jeeder rierte jeſchwinge bein un orm;
Der Pietersberger törmer oß allen fröſten ſotte ſtorm.

Flink naamb de Kuttelpforten en börgerhaufen in,
'S Nöiwaegestuor en anderer, möd holzen guod ferſien.
Der größte troß zoog nunger ze'n Oolentuore häu,
Wuo ſchrecflich ruot ſon ſiier der wiite graue himmel ſchäu.

Ruone duuerte 's au nich lange, doo traaf me uf den fiind;
Doo waar ſon beiden ſiiten möd ſchlägen guod jedient.
Der Entenphuul**) ſon bluote gaar boole waar ganz ruot,
An in den gaßßen ſaag me ferſprißt nich wönneg börgerbluot.

Dach, wii ſe au ſich weerten, der fiind waar gaar ſuo ſtark,
De braawen börger wächen ſou'n plaße, das waar arg.

---

  *) Ein platz in Nordhausen.
  **) Ein kl. platz in der nähe des „Altenthores", wo früher
    ein teich (eig. sumpf) war.

An 'n Barweßentuore*) öndlich, doo huolen se wädder stand;
Dort äs der striit nach einmool in gruoßer hitze luosjebrannt.

Dort mußte mannicher looße sin laeben nach sno jung,
Daer kummest fär dröi stunnen sin lustig lied nach sung.
Dort hät mannich braawes maechen sin libbesten injebießt,
Den 's gerne hötte nach einmool uf nimmer wädderstien jekißt.

Wii doo son wuchtigen hieben der boddem dreente luut,
Daß son den muuern trüfte den Meißenern eer bluot.
Wii doo de schwaerter klungen uf schild un stormhuot blank,
Daß son den guoden klingen de funken stobben fingerslang! —

Suo wärd son beiden siiten jesträtten lange ziit,
Byß an den dunkeln himmel der blaßße muond uf giet.
Doo öndlich loßen se sinke de ormen, son'n striite matt —
Me kunnte kummest erkönne, was en fiind un was en börger tad.

Dröi taage hotten de börger de tuore guod ferwaart,
Un arbeit nich un miehe, abber an kein geld jespaart.
Fon Meißen der markgraafe, den's gaar sno lange jewaert,
Waar öndlich nfjebrochen un heime jezoogen möd mann un pfaerd.

Fon 'n Dolendorfe fröilich stuud kummest ein hos nach doo,
Das äbbrige waar zerschmäßen un objebrennt derzno.
Fon fiinden waar an nich seele an den tuoren mie ze sieu;
Mant Brunschwiiger schlächen nach önzeln, wuo sinst das Dolen-
                                                    dorf jestien.

Un einen Fröitagesmorgen, Palmarum waar nich wiit,
Doo hotten nnse liite mool wädder guode ziit.

---
*) So genannt von den barfüsser-münchen, die dort ein kloster
hatten.

Fär'n tuore waar's ganz stille, kein fiind mie luoß sich sie;
„Was söll'n me hiir nach wache — looßt uns en wyllichen
                                                heime gie."
Se naamen eere spieße un gungen eeren gang.
Der eine in der schönke sich ströckt uf de nowenbank,
Der andere singet derheime en weiches wormes naest;
'S äs en lange suo jemietlich un woolig nich im's herze jewaest.

Das kleine heischen öndlich, das nach an'n tuore stiet,
Möd schwieren schritten langsaam uf den oolen torm naan zyt.
'S äs fröilich koold an dorten, dach trifft se nich der wind;
Gaar boole hiert me se schnarche — den schloof haan se ierlich
                                                an serbient.

Im mittag waar's ganz stille jeworren in der statt;
Mant hiir un dort nach saachte de wiiber huolen root,
Wii se uf den krügesschrecken den lieben mendern enmool
Was guodes seersötze wullten — se hotten alle kychen und kelder soll.

Was abber ungerdeßßen in'n selle waar jeschien,
Doo sonne hotte kein mönsche en meelichen jesien.
Ich kann's nch nich verroote (ich weiß es selleber nich),
Wuo in daer ganzen wiile der Brunschwiiger troß imhaer wol
                                                schläch.

Jennung, uf einmool huoß es: de fiinde sin wädder doo,
Un de Brunschwiiger nich alleine, de Huonsteiner an derzuo!
De wißt joo, der Huonsteiner graafe hotte unser guoden statt
Immer was an'n ziige ze sticken, au wenn se 'n gaar nyscht
                                                bieses tab.

An'n Barweßentuore wädder erhuob sich lerm un striit,
Bß den schloofe suoren de börger, de wißt, wii's ein 'n doo giet.

Möd nuot un miehe waaren, die uf den torme jestedt,
Schloofbiistern un ferfrooren, fon eeren fringen uffewödt.

Suo kaamb's denn, wii's jekummen, es waar kein wunder au;
Wii's zuojegien, das wußte wol keiner ganz jenau.
Das Parwezentnor in stycker by'n lötzten storme floog,
Der fiind möd rauben un morden in unfe oole statt nin zoog.

Möd jammern un möd kriifchen de wiiber rönnten imhaer
Un machten fuo den mendern örſt recht das herze ſchwier.
Derwiile wytter un wytter de Brunſchwiiger ricten feer,
Byß an de Gumpersgaßße, trotz nach fuo tapperer gaegenweer.

Dort, wuo nach allen fier winnen de stroozen vß enander gien,
Doo huolen fe en meelichen ſtille, fe wußten nich gliich, wuohän.
Lange kunnten fe 's nich bedönke, denn vß den Duome ruf,
Striitluſtig un ferwaegen, zoog aeben en haufen börger uf.

Vß allen gaßßen kaamen nach frifche ſtriiter derzuo,
Doo bläb en ze'n befinnen örst follenst keine ruo.
Fon allen fiiten imbrönget, möd fchlaegen guob bedoocht,
Mutten zund uf'n rickzug dönke, die aeben de ſtatt in ſchrecken
                                         jebroocht.

En brouhos an der öcken fär ziiten hät jeſtien,
Dort dröngeten fe fich zefammen, erbermlich aanzefien.
Dach wii fe kummeſt fuo ſtannen, möd den ricken an der wand,
Doo waaren fe gaar fon hingene nach feele erger aanjerannt.

In kößßeln un in pfannen ſtund kochening heißes bier;
Siit feelen frunnen hotten's de broukneckte uf den fiier.
Das ſchöppten de wiiber in köllen un fchötten's ze'n fenſter nnnß —
Waer äbberig bläb fon 'n fiinden, fergaaß in 'n laeben nich
                                         wädder den guß.

Au tad möd einmool saachte sich hinger'n uf de teer,
Doo braachen forsche kerrels, en hallebes dotzt, herseer,
Brouknechte, möd rierscheitern un nowengabbeln beweert;
Die dinger sluuschten nach bößßer wii mannichen herren sin
scharfes schwaert.

Hei, wii's doo an en flichten un an en rönnen gung,
Wie knecht un herr suo hastig den Barweßen nunger sprung!
En börgertroß waar schnelle den sünden uf den nacken;
Waer doo nich lause kunnte, den waar sin lötztes brnot gebacken.

Dort an der brouhus-öcken en born fär oolers waar,
Der Frankenborn jeheißen, den haan se ganz un gaar
Möd tnoten soll jeschmäßßen un noochter zuo jeschött,
Wii Lößßer*) in sin bnoche nußßierlich uns beschräbben hät.

Ze'n aanjedönken abber an disse gruoße taat
Luoß se uf en schienen steine beschriibe unse statt.
Daer stein stiet injemunert (he äs nach zund ze sien)
An 'n roothunse, uf den flecke, wuo sinst de glocken haan jestien.

*) Lesser's chronik der stadt Nordhausen.

Anhang.

Ich kann mich nicht enthalten, als anhang wenigstens eine probe der in Nordhausen üblichen kinder- und wiegenlieder zu geben (vgl. dazu u. a. Rochholz, Alemannisches Kinderlied u. Kinderspiel aus d. Schweiz, gesammelt und sitten- und sprachgeschichtlich erklärt, Leipz. 1857,. Wie schon im vorworte erwähnt, sind die ersteren jetzt durchaus „hochdeutsch" oder vielmehr „messingisch", wenn es erlaubt ist, diesen ausdruck Fritz Reuter's auch auf die nordthüringische mischsprache (vgl. Vorwort, p. VI.) anzuwenden. Von wiegenliedern ist mir wenigstens ein im dialect gesungenes bekannt. Es lautet, wie folgt:

„Ruu, ruu, relle" —
Fier ruuche felle —
Fier ruuche dunnerkatzen,
Die sich hingen' un forne fratzen.

Zur vergleichung setze ich hier das von G. Zappert gefundene und von C. A. Kletke im „Jahresbericht der Realschule am Zwinger zu Breslau" 1867 veröffentlichte althochd. schlummerlied (pag. 19) her:

Tocha, slafês sliumo, uuinon sar lazês.
Triuua uuerit craftlicho themo uuolfa uurgianthemo.
Slafês unza morgane manes trût sunilo.
Ostra stelit chinde honac egir suoziu.
Hera prichit chinde pluomun plobun rotiu,
Zamfana sentit morgane neiziu scaf cleiniu,
Unta Einouga, herra hurt! horsca asca harta.

Uebersetzt wird dasselbe von Kletke folgendermassen:
Puppe, schlafe schleunig, weinen alsbald lasse!
Triwa wehret kräftig dem wolfe, dem würgenden.
Schlafe bis zum morgen, des mannes trautes söhnlein.
Ostra stellt dem kinde honig-eier, süsse.
Hera pflückt dem kinde blumen, blaue, rothe.
Zamfana sendet morgen weisse schafe, kleine,
Und Einouga (d. h. Wuotan), herra hurt! schnelle speere,
            harte.

Das gewiegte kind ist ein knabe, das geht aus dem 3. und 7. verse hervor. Bei einem mädchen wurden vielleicht beide weggelassen. Da haben wir deutlich in edler, alt-germanischer form die „vier donnerkatzen" des modernen liedes. Aus den vier göttinnen, welche aufgefordert werden, das kind zu beschenken und zu beschützen, sind vier hexen geworden, die in katzengestalt erscheinen, vier wetter-machende frauen, daher donner-katzen. Es ist hier nicht der ort, auf den mythologischen gehalt dieses und der folgenden lieder genauer einzugehen; wenige andeutungen mögen genügen. Die vier wetter-machenden frauen (wetter-hexen) sollen, meiner ansicht nach, die vier jahreszeiten vertreten. Zuerst, beim beginn des jahres, soll Triwa, die treue hüterin des hauses, dem würgenden wolfe wehren, der zur winterszeit die menschen schreckt. Sodann soll Ostra, die frühlingsgöttin, ihre Oster-eier bringen. Ferner soll die sommerliche Hera, die erntegöttin (vgl. K. Simrock, Deut. Mythologie, p. 364 u. 366), blumen, blaue und rothe (kornblume und „klatschrose"), spenden. Endlich soll Zamfana (niederd. Tamfana; vgl. Simrock, p. 381), die heerdengöttin, die ihre thiere noch

auf der herbstlich kahlen flur weidet, auch ihre gaben
bringen. Dabei denkt man unwillkürlich an den herrn des
herbstes, den einäugigen Wuotan, der als wilder jäger,
im herbst-sturm, über die felder saust, mit geschwungener
„esche" (lanze) und mit lautem jagdruf: „herra hurt"! —
Zu allen zeiten also soll es dem kinde wohl ergehen, das
ist der sinn des ahd. liedes, das war ursprünglich auch
der des modernen.

Ebenfalls eine reminiscenz aus dem ahd. schlummer-
liede enthält folgendes:

Schlaf, kindchen, schlaf!
Deine mutter hüt' zwei schaf
(oder: da draussen stehen zwei schaf),
Ein schwarzes und ein weisses;
Und wenn das kind nicht schlafen will,
Da kommt das schwarz' und beisst es.

In komischer weise ist hier der würgende wolf der
Triwa zu einem schwarzen, beissenden schafe, und die
schöne verheissung zu einer das kind ängstigenden drohung
geworden, die eher geeignet wäre, dasselbe am einschlafen
zu verhindern.

Bisweilen giebt sich an liedern, die jetzt nur noch
„hochdeutsch" gesungen werden, doch durch metrum und
reim deutlich noch die ursprüngliche „nordhäusische" form
zu erkennen, so in dem folgenden:

Suse, liebe Suse, was rappelt im stroh (ſtruo)?
Die gänschen gehn barfuss und haben keine schuh (ſchuo);
Der schuster hat leder, keine leistchen dazu (derzuo).
Geht barfuss, geht barfuss, wie ich (idje) muss thun (tuo)!

Andere lieder enthalten wenigstens noch einzelne wörter

aus dem dialect, so diejenigen, in denen eine kuh (feiwichen) besungen und gebeten wird, dem kinde etwas zu bringen. Rinder gehörten ganz besonders zu den jagdthieren Wuotan's, des wilden jägers, der im herbststurme die wolken-kühe vor sich her treibt (Simrock, pag. 199). Auch von „Frau Hulda" werden, nach dem norwegischen volksglauben, schwarzgraue kühe bei stürmischem wetter in die wälder getrieben. Nach der Edda (Oegisdrecka 23) erscheint auch Loki, der feuer- (eigentlich sonnen-) gott, als milchende kuh, die 8 winter (die 8 monate des nordischen winters) unter der erde wohnt. Auch in einer deutschen sage (Müllenhof 376; Simrock 116) erscheint die sonnenglut als rothe kuh, die vor der letzten schlacht (die nämlich der junge frühling dem winterfroste liefert) über eine brücke (das eis der ströme) geführt oder einen gläsernen (eis-) berg hinan getrieben wird. Ob nun in den hier zu citierenden liedern die wolken- oder die sonnen-kuh ursprünglich gemeint sei, lässt sich nicht sofort entscheiden. Soviel aber ist sicher, dass die kuh den alten Deutschen, wie den Indogermanen überhaupt, als symbol einer wohlthätigen naturkraft, heilig war, und daher ihre erwähnung keineswegs zufällig ist.

Muh - keiwichen, muh!
Wovon bist du so ruh (ruhig)?
Ich bin so ruh, ich bin so matt,
Ich bin muh-keiwichen von Halberstadt.

Muh-keiwichen von Halberstadt,
Bring doch unserm N. N. (name des kindes) was!
Was soll ich ihm denn bringen?
Ein paar schüchelchen (schuhe) mit ringen etc.

Muh-keiwichen von Halle
Steht in unserm stalle;
Eine rothe, bunte kuh,
Die hört unserm N. N. zu.

Die kühe von Hal-berstadt und von Halle sind ohne zweifel identisch mit der kuh des „Hell-hauses", die alle jahre am weihnachtsabend (d. h. im mittwinter, wo die sonne wieder anfängt zu steigen) hinaus gelassen wird und dann verschwindet, nämlich aus dem Hellhause (dem hause der Hel oder Hulda; vgl. Kuhn, Norddeutsche Sagen, p. 276). Zu derselben zeit aber, wo die sonnenkuh anfängt, den „gläsernen berg" hinauf zu klimmen, werden die schönen sachen, die das zweite lied erwähnt, den kindern beschert, so dass also die „kuh von Halberstadt" (etwa Hell-bergs-stadt?) sie zu bringen scheint. Der ganze zauber der alten deutschen märchenwelt liegt, nach meinem gefühl wenigstens, in dem unscheinbaren liedchen.

Einen ähnlichen gedanken drückt das folgende aus, das auf die ankunft der frühlingsboten vertröstet:

Schlaf, kindchen, balde!
Die vöglein fliegen im walde,
Sie fliegen in das grüne gras
Und bringen unserm N. N. was.

Unter den kinderliedern bilden zunächst diejenigen, welche nicht gesungen, sondern nur gesprochen werden und zum auszählen (beim versteck-spiel u. s. w.) dienen, eine besondere gruppe. Alle beginnen mit einer reihe von zahlwörtern, die theils der hochdeutschen, theils andern sprachen angehören und im letzteren falle natürlich mehr oder weniger verstümmelt sind. Hochdeutsch gezählt wird u. a. in den folgenden:

>1, 2, 3, 4, 5, 6, 7 —
>Wo ist denn mein schatz geblieben?
>In Berlin, in Stettin,
>Wo die hübschen mädchen blühn.

>1, 2, 3, ... 13 —
>Im garten steht der weizen,
>Im hofe geht der wind —
>Alte hexe, spring!

Das erste bedarf keiner erläuterung, ist übrigens, wie es scheint, erst neueren datums. Das zweite, ältere, enthält eine anspielung auf den volksglauben, dass zur „Walpurgiszeit", wo der weizen bereits aufgeschossen, aber doch die luft noch rauh und bewegt ist, die „wetterhexen" um den Blocksberg „springen" (tanzen) und so die frühlingsfeier, das fest der vermählung Wuotan's und Frouwa's, begehen (vgl. Simrock, pag. 453 f.). Auch das zählen bis **dreizehn** ist durchaus nicht willkürlich oder zufällig. Nach der Edda (Grimnismâl 36) giebt es dreizehn Walkürien. Diese „Siegweiber" oder „Wünschelweiber" sind aber die alt-germanischen vorbilder der späteren „Hexen." Die **dreizehnte** ist jedenfalls Frouwa selbst, die Maikönigin und braut Wuotan's. Sie eben soll bei dem spiel heraus gezählt werden. — Nach Völuspa 24 giebt es nur **sechs** Walkürien, zu denen als **siebente** wiederum Freyja (Frouwa) selbst tritt. Hierdurch erklärt sich das zählen bis **sieben** in dem ersten liede.

Im folgenden liede wird zwar auch noch hochdeutsch zu zählen angefangen, und zwar bis **drei** (nach der zahl der **Nornen**, die ja den „Wunschmädchen" nahe verwandt sind); später, v. 3, treten jedoch schon lateinische zahlwörter dazu.

Eins, zwei, drei —
Bicke, backe, bei —
Bicke, backe, one, do (unus, duo) —
Waren dreissig (richtiger wohl **dreizehn**) kinder geboren,
Sassen alle um einen tisch.
Kam die katze und frass den fisch.
Kam der lange leineweber,
Schlug die katze auf das leder.
Schreit die katze: mi, mau!
Herzeliebe junge frau!

Das lied deutet auf **Fassnachts-gebräuche**, die sich aber auch zu Ostern, zu Pfingsten und zu anderen zeiten wiederholen (vgl. Simrock, p. 525 ff.). Zunächst wird die „fastenspeise" gebacken. Dieselbe besteht aus einem **mehlgebäck** (klössen, „kreppeln", nudeln, pfannkuchen, „mohnstritzeln") und fischen. Die zusammenstellung dieser augenscheinlich wenig verwandten speisen hat wohl den sinn, dass bei den frühlingsfesten die gaben des winters (fische) und des sommers (mehl) sich vereinigen. Nach dem Harbardsliede 3 hat bereits Thôr, da er sich, als junger frühlingsgott, von „Harbard", dem rauhen, winterlichen Odin, über das meer setzen lässt, **haberbrot** und **heringe** in seiner tasche. Ähnliche gerichte kehren natürlich bei den herbstfesten (erntefest, Martinsabend, kirmess), in denen sich auch sommer und winter berühren, wieder.

Von diesen gerichten nähren sich die zwölf monatsgöttinnen (Simrock, p. 360), deren **dreizehnte** schwester eben Frouwa ist. Sie alle sitzen, als nach einander geborene **kinder**, um denselben tisch. Frouwa's heiliges thier ist die **katze**; sie selbst erscheint wohl, als „**weisse frau**" oder als „**Berchta die spinnerin**", in katzengestalt. Während des winters hat sie, als **weisse frau** oder **Schneewittchen**, im **gläsernen sarge**, d. h. unter eis und schnee, geschlafen. Nun aber, zur frühlingszeit, kommt der „**lange leineweber**", d. h. der frühlingsgott, der mit seinem „**zauberstabe**" (dem webebaume) die pracht der frühlingsblumen gewissermassen in den teppich der wiesen **webt**, und **schlägt** die „**katze**". Noch jetzt werden in vielen gegenden am Oster-(oder Pfingst-)morgen die mädchen von den burschen „**geschmackt**", „**gefitzt**" oder „**gestiept**", d. h. mit ruthen, gewöhnlich mit „**kätzchen**"-tragenden weidenruthen, aus dem bette gepeitscht. Auch Schneewittchen wird, als sie der „**schöne prinz**" (der junge frühling) von den 7 zwergen (d. h. den 7 wintermonaten), bei denen sie geschlafen, abgeholt hat, durch einen **zweig**, der auf ihren gläsernen sarg **schlägt**, erweckt.

Weber, d. h. diejenigen handwerker, die ein specifisch den frauen zukommendes geschäft betreiben, waren nicht nur die priester der ägyptischen und römischen, sondern auch der deutschen **Isis** (Simrock p. 354 f.). Den webern kam es daher am Niederrhein zu, das „**schiff**", das auf rädern stand und der Isis-Nehalennia*) geweiht war („car-

---

*) Von Nehalennia ist durch H. Kern, Professor in Leiden, überzeugend dargethan, dass sie die niederrheinische, besonders seeländische, form der Frouwa-Freyja war, dass auch ihr name

naval", schiffswagen, woher das wort „Carneval"), bei den
frühlingsfesten zu ziehen. Isis aber ist nur eine ausländische, daher zu schiffe über meer gekommene, form der
deutschen Frouwa, der „herzelieben jungen frau", der
blühenden Erdgöttin. Schon Herakles muss, als er der
schönen Omphale in Lydien dient, spinnen und weben. —
Dass hier der „leineweber" ein „langer" genannt wird
und auf das „leder" der katze schlägt, geschieht nur des
stabreimes wegen, dessen spuren in dem liede unverkennbar.

Das schlagen mit ruthen, das zur frühlingszeit an den
mädchen („frauen") vollzogen wird und das hier der „lange
leineweber" an der katze vollzieht, hat wohl den sinn,
dass in den frühlingsstürmen, wobei die noch kahlen zweige
der bäume die schlafende Erde peitschen, die letztere
aus ihrem winterschlaf erwacht.

Niederdeutsche zahlwörter werden in den folgenden
liedern verwandt. Das erste derselben wird zwar jetzt
möglichst „hochdeutsch" gesprochen, verräth sich aber so
deutlich als ursprünglich „nordhäusisch", dass ich es lieber gleich in dieser mundart her setze. Das zweite ist
aus wörtern zusammengesetzt, die wahrscheinlich keiner
sprache angehören, sondern nur die unverständliche lateinische litanei nachahmen sollen.

    Eene, teene (eene, tween), tintefaß —
    Gie in de schuole un lerne was!

---

echt deutsch ist und „geberin, schenkorin", auch „mundschenkin", bedeutet (v. ahd. neih-en, angels. näh-an, geben, schenken; daher Neih-al-enni = schenk-er-in), also dass sie wirklich „unsre liebe Frau" (die „herzeliebe junge Frau" unsres liedes) ist: vgl. H. Kern, Nehalennia, im „Taal-en Letterbode" v. 1872.

Lerne nich juo feele,
Daß de kannst jespeele.

Eene, teene, ter —
Gib der ziegel zer —
Zerfion un pickleton —
Eene, teene, ter.

Wahrscheinlich auch niederdeutsch, möglicher weise aber auch lateinisch, sind die zahlwörter im folgenden:

One mann, tone (twee oder duo?) mann,
falkensamen —
Wer nicht (oder mit?) will, den wollen wir
haben (jagen?),
Über den Rhein, über den stein.
Wer will „Kockernillchen" sein?
Kockernillchen schlug das „Billchen"
Auf den kopf,
Reine mausetodt.

Ohne zweifel liegt hier eine reminiscenz aus der heldensage vor. Augenscheinlich handelt es sich um einen jagdzug „über den Rhein", wie in der XVI. avent. des Nibelungenliedes. Die „mannen" werden hierbei mit den jagd-falken zusammen (falkensamen) abgezählt. Ob unter dem „Billchen", das bei diesem zuge erschlagen wird, Siegfried zu verstehen ist, der von Hagens hand fällt, oder Hagen selbst, der, freilich viel später, von Chriemhild (Kriemhildchen=Kockernillchen?) getödtet wird, oder endlich der drache, welchen Siegfried erschlägt, wage ich nicht zu entscheiden. Diesem drachen entspricht in der nordischen mythologie u. a. der riese Beli (= Billchen?), der vom sonnengotte Freyr mit dem hirschhorne erschlagen wird (Skirnisför 16; Dämisaga 37).

Unter den spielliedern, die wirklich gesungen werden, sind mehrere, die mit der mythologie nichts zu schaffen haben und deren inhalt keiner erklärung bedarf:

> Kreis, kreis, kessel —
> Morgen wird's besser,
> Übermorgen tragen wir wasser ein —
> Fällt der kessel gar ein.

> Ringel, ringel, rosenkranz —
> Setz' ein töpfchen wasser an!
> Grosse wäsche, kleine wäsche —
> Kickeriki!

Bei beiden wird ein „kessel" gebildet, indem die kinder sich an den händen fassen und einen ringelreigen tanzen. Am schlusse des gesanges kauern sich alle auf die erde nieder.

Als frühlingslieder mit mythologischem hintergrunde erweisen sich folgende:

> Wir treten auf die kette, dass die kette klinget —
> (d. h. wir bilden eine kette und singen während des tanzes)
> Wer ist denn die schöne magd, die da singet?
> Hat gelebet sieben jahr; sieben jahr sind um —
> Hänschen dreht sich rum.
> Hänschen hat sich rum gedreht;
> Der liebe Gott hat ihm 'n kranz beschert.

> Die meiersche brücke, die meiersche brücke,
> Die ist ja ganz zerbrochen.

Wer hat sie zerbrochen, wer hat sie zerbrochen?
Dem goldschmied seine tochter.

Bei den worten: „Hänschen dreht sich rum" (die übrigens wohl besser: „Hänschen, dreh dich rum!" heissen müssen) dreht sich eines der kinder, die die „kette" bilden, herum. Die „schöne magd", die sieben jahre (die 7 wintermonate) gelebt hat (nämlich bei den 7 zwergen, hinter 7 bergen, im winterschlafe), die aber nun wieder singt, nachdem sich „Hänschen" herum gedreht hat, d. h. der junge lenz, dem Gott einen blumen-kranz beschert hat, wiedergekehrt ist — diese schöne magd ist wiederum keine andere, als die „Maikönigin", Schneewittchen-Dornröschen.

Die „meiersche", d. i. „mäuerische", gemauerte, brücke des zweiten liedes, die von der goldschmiedstochter (nach einer andern lesart: dem goldschmied und seiner tochter) zerbrochen wird, ist augenscheinlich das winterliche eis, das die ströme überbrückt, das aber beim heran nahen des lenzes, der hier als kunstreicher goldschmied erscheint (wie oben als „leinweber"), dessen „tochter" eben jene „schöne magd" ist, bricht.

Endlich sind noch ein paar lieder zu erwähnen, welche den kloster- oder wallfahrtsgesängen nachgebildet sind und, als solche, auch lateinische floskeln enthalten:

Es kommt ein herr aus Ilefeld.
„Salefi salefomane" (d. i. salve, salve domine)!
Was will der herr aus Ilefeld? Salefi etc.
Er möchte gern in's kloster ziehen. Salefi etc.
In was für'n kloster will er ziehen? Salefi etc.
In das Augustiner-kloster. Salefi etc.

Es kam ein herr aus Ilefeld.
„Sammaricolade" (d. i. etwa: Sancta Maria colatur)!
Ich bringe dir die erste tochter.
„Sammaricolade"!
u. s. w.

Beide lieder stellen gespräche dar zwischen einem „herren", der aus (richtiger aber wohl nach) Ilfeld kommt, wo sich ein berühmtes kloster befand, und dem prior, resp. pförtner, dieses oder eines andern klosters. Das zweite ist dem ersten ganz ähnlich, nur dass es sich dabei um die töchter des herrn handelt, die in's kloster eintreten sollen. Es kann beliebig ausgedehnt werden, je nach der zahl der mitspielenden.

Zusätze und Verbesserungen.

In dem wörterverzeichnisse ist noch nachzutragen: Füermüiern, f., schornstein, esse (feuermauer). Glinzere, glänzen, daher glinzerspaat, Marienglas. Graetsch, 1. lat. gradus, weiter schritt (daher: graetschbeinig gie); 2. (ge-räth-schaft) gerümpel, schlechtes geschirr, unnützer kram. Knuten (flachs), f., kaute, ein bündelchen flachs, das auf einmal auf den „wocken" aufgesteckt und versponnen werden kann. Lyts, m., handgeld beim miethen eines dienstboten, leihkauf. Schiiben o. scheiben (malz o. korn), f., ein haufen (schaub, niederd. schoof = garbe, haufen). Schnaar, dünn, schlank (verw. mit schnur). Sense, trans., schleudern, werfen; intrans., eilen, fliegen, laufen. (Rim) schake, umher gehen, oder stehen, und schwatzen (niederd. snacken). Teebeße (toben), sich lärmend bewegen. Mössele (frequent. v. mausen), emsig etwas betreiben, suchen, wühlen. Zu dem worte iitschen (p. 46) ist zu bemerken, dass es zu den fem. deminutiven niederdeutscher bildung gehört, wie heimeken f. heimchen, hernzken f. hornisse, ahd. hornuz, wanzken f. wanze, motschken (d. i. verdorbene masche beim stricken) v. ahd. mûzôn, ändern, daher „maussen" o. „maussern" und „fer-mutze" = verderben. Als stammwort zu iitschen muss ahd. Itis angesehen werden; so nennt Otfried in seinem „Krist" die heil. „Jungfrau" (im Heliand: Idis). In den merseburger heilsprüchen heissen Idisi die zauberkundigen frauen. Zum ahd. mûzôn gehört auch uf-mutze, durch tadel zu bessern suchen, bemängeln. — Schneegaken, f., krähe, deren geschrei schnee verkünden soll. Joche, jagen. Bötte (ahd. petti), bett, im pl. bötte.

Die anmerkung auf pag. 24 ist dahin zu erweitern und zu berichtigen, dass bei der mehrzahl der **adjectiva** auf e diese endung ahd. i vertritt. Alle diese wörter haben einen hellen stammvokal (entweder ursprünglich, oder durch umlaut), z. b. kleine, dünne, dycke, griene, därre, rüche (ahd. chleini, dunni, dicchi, kruoni, durri, rîhhi). Bei andern wörtern solcher art entspricht dagegen dies e, meiner ansicht nach, der ahd. adverbial-endung o, die natürlich nicht im stande ist, den umlaut zu bewirken, z. b. in tolle, schnelle, worme, orme (ahd. adject. tual, snel, warm, aram). Wirkliche **adverbien** sind: fiere (ahd.

sêro), gerne (kërno), boole (v. ahd. palt, dreist, kühn), braawe (brav, im sinne von tüchtig, sehr, z. b. doo künnt be braawe spaziere gie, da könnt ihr tüchtig spazieren gehen), lange (dagegen adj. lang), schuone (schon, ahd. scôno; dagegen adj. schiene, schön, ahd. scôni).

In redensarten wie „en mooler niine" (pag. 27, z. 12) sind die ausdrücke mooler, stycker, botzter vielleicht besser als gen. pl. pronominaler (oder starker adjectivischer) bildung zu erklären (eine neunzahl von malen, stücken etc.). Bei manchen dieser ausdrücke wird sogar das „en" des dat. pl. dem genitivischen „er" noch vorgesetzt: en joorener (moosener) bröie, ca. 3 jahr (mass). Die sprache sucht den genitiv, der ihr sonst abhanden gekommen ist, in diesem falle mit allen mitteln zu stützen.

S. 2, z. 11 l. mender statt mänder. S. 12, z. 20 l. dieser st. deser. S. 14, z. 29 l. fliessen st. fliehen. S. 16, z. 7 ist betriege einzuschalten. S. 29, z. 20 rechts l. plobbere st. plubbere.

Als wegweiser beim studium der deutschen dialecte (vgl. Vorw., pag. III) empfiehlt sich: P. Trömel, „Die Litteratur der deutschen Mundarten", Halle 1854; ferner J. Winkler, „Algemeen nederduitsch en friesch Dialecticon", 's Gravenhage 1874.

Inhalt.

		pag.
Vorwort. Historisches und geographisches über den dialect		III.
I. Lautlehre		
	A. Vocale	1
	B. Consonanten	5
II. Formenlehre		
	A. Verbum	9
	B. Nomen	18
	C. Partikeln	27
III. Verzeichniss von wörtern, die in form oder bedeutung von der schriftsprache wesentlich abweichen		28
IV. Sprachprobe. Wii de Brunſchwiiger de ſtatt äbberrumpelten		48
Anhang. Wiegen- und kinderlieder, nach ihrem mythologischen gehalt untersucht		55
Zusätze und Verbesserungen		67

Druck von Otto Huschke in Nordhausen.